Produced and packaged by Hali Publications Ltd.
8 Ability Plaza, Arbutus Street, London E8 4DT, UK
www.hali.com

Author: Abel Trybiarz
Concept: Abel Trybiarz, Ari Trybiarz
Graphic Design: Ari Trybiarz
Editors: Daniel Shaffer, Brian David, Ben Evans
English Translation: Geoffrey R. Edbrooke
Spanish Editors: Alicia Di Stasio, Mario Valledor
Production: Kanittha Mairaing, Michael de la Lama, Liz Dixon
Printed and bound by: EBS, Vicenza, Italy
Made in Europe, 2017
ISBN 9781898113577

Producido y empaquetado por Hali Publications Ltd.
8 Ability Plaza, Arbutus Street, Londres E8 4DT, Reino Unido
www.hali.com

Autor: Abel Trybiarz
Concepto: Abel Trybiarz, Ari Trybiarz
Diseño Gráfico: Ari Trybiarz
Editores: Daniel Shaffer, Brian David, Ben Evans
Corrección en español: Alicia Di Stasio, Mario Valledor
Traducción Inglesa: Geoffrey R. Edbrooke
Producción: Kanittha Mairaing, Michael de la Lama, Liz Dixon
Impreso y encuadernado por: EBS, Vicenza, Italia
Hecho en Europa, 2017
ISBN 9781898113577

A Buenos Aires Collection

RUGS & ART

TRIBAL BIRD RUGS & OTHERS

Una colección de Buenos Aires

ALFOMBRAS Y ARTE

ALFOMBRAS TRIBALES DE AVES Y OTRAS

ABEL TRYBIARZ

CONTENTS

ÍNDICE

ACKNOWLEDGEMENTS

To the women who wove the rugs, and the men who dyed the wool.

To the authors who preceded me, for their research and the inspiration I received from them.

To the photographers Gustavo Ressio and Roberto Ressio, for the innumerable and long sessions of photography.

To the graphic designers Laura Lazzeretti, Marcelo Varela and Ana Trybiarz at the beginning of this project.

And especially to the graphic designer Ari Trybiarz, for nine years accompanying me in this project, for his predisposition, his infinite patience, and his talent.

AGRADECIMIENTOS

A las mujeres que tejieron las alfombras y a los hombres que tiñeron la lana.

A los autores que me precedieron, por su investigación y la inspiración que me brindaron.

A los fotógrafos Gustavo Ressio y Roberto Ressio, por las innumerables y largas sesiones de fotografía.

A los diseñadores gráficos Laura Lazzeretti, Marcelo Varela y Ana Trybiarz en los inicios del proyecto.

Y, por sobre todo, al diseñador gráfico Ari Trybiarz por estos nueve años de acompañamiento en el proyecto, por su predisposición, su infinita paciencia y su talento.

FOREWORD

For Argentinian architect and artist Abel Trybiarz, collecting oriental carpets is much more than a mere hobby, for he regularly incorporates them in his stand-alone artworks and in temporary art installations in the city of Buenos Aires. And it is with an artist's complex personal sensibility that his large collection of antique heirloom rugs from the nomadic tribes of southwestern Persia, as well as a handful of Transcaucasian village rugs with very specific designs, has been assembled, through the international market, since he bought his first rug in Istanbul in 1982.

The Trybiarz Collection presents a tightly focused range of types and designs, and is substantial in both quantity and quality. It offers readers a splendid record of nineteenth and early twentieth century rugs woven primarily for their own domestic use by the tribal women of the moieties of the Khamseh (the largest group by a considerable margin) and Qashqa'i Confederations of Fars, and by the Afshar tribe of southern Persia, as well as so-called Shikli and 'keyhole' design village rugs from the Caucasus region.

Only knotted-pile rugs are included – there are none of the tribal transport bags, animal bands and trappings and flat-woven covers that one might expect to find in a conventional 'academic' collection of ethnographic rugs – and several pieces are arguably 'best of type'. Indeed, in terms of rugs from the region it stands comparison with better known specialist private collections in the United States, Germany and the United Kingdom, as well as in Iran itself.

But comprehensiveness and relative quality are not what governs Abel's collecting. As an evident romantic whose own artistic endeavours contain powerful Freudian undertones, he is, rightly, enamoured with the sensuality, the three-dimensionality, the tactile malleability, and the brilliance of natural colour of these wool-pile weavings. He is excited by their almost overwhelming density of both abstract and figurative design elements which are replete with symbolism that is capable of meaningful interpretation. Above all, he is driven by a fascination with the life stories, real and imagined, that these rugs have woven into their very fabric.

Daniel Shaffer

PRESENTACIÓN

Para el arquitecto y artista argentino Abel Trybiarz, coleccionar alfombras orientales es mucho más que un mero hobby, ya que las incorpora habitualmente en sus obras de arte individuales y en instalaciones artísticas temporarias, en la ciudad de Buenos Aires. Y es con la compleja sensibilidad propia de un artista como su gran colección, formada por antiguas piezas, herencia de las tribus nómades del sudoeste de Persia, así como por un conjunto de alfombras de aldeas de Transcaucasia con diseños muy específicos, ha sido reunida a través del mercado internacional, a partir de la compra de su primera alfombra en Estambul, en 1982.

La Colección Trybiarz presenta un fuerte enfoque hacia un rango determinado de tipologías y diseños, y es trascendente tanto en cantidad como en excelencia. Ofrece a los lectores un magnífico testimonio de alfombras de fines del siglo XIX e inicios del XX, tejidas, principalmente para su propio uso doméstico, por mujeres de las tribus que integraban las confederaciones Khamseh (la gran mayoría de los ejemplares) y Qashqa'i, de la provincia de Fars, y por la tribu Afshar, del sur de Persia, junto a las así llamadas Shikli y de "diseño de ojo de cerradura", de la región del Cáucaso.

Solamente están incluidas alfombras "de pelo anudado" –no hay aquí bolsas para carga tribales, adornos para animales o mantas de tejidos planos, que uno esperaría encontrar en una colección "académica" convencional orientada hacia lo etnográfico–, y algunas de las piezas son posiblemente "las mejores de su tipo". En efecto, en estos términos la colección es comparable a las colecciones privadas especializadas más conocidas de los Estados Unidos, Alemania y el Reino Unido, así como del mismo Irán.

Pero la exhaustividad y la relativa calidad no son los parámetros que rigen las elecciones de Abel. Como un romántico evidente, cuyos propios impulsos artísticos contienen potentes ideas freudianas, él se enamora en forma directa de la sensualidad, la tridimensionalidad, la maleabilidad al tacto y el brillo de los colores naturales de estas piezas tejidas en lana. Se emociona por la casi abrumadora densidad de elementos de diseño tanto abstracto como figurativo, repletos de simbolismos pasibles de significativas interpretaciones. Por encima de todo, él está impulsado por una fascinación por las historias de vida, reales e imaginarias, que estas alfombras han ido tejiendo en su propia trama.

Daniel Shaffer

INTRODUCTION

THE COLLECTION

I would like to start by sharing with the reader the reason that this rug collection exists.

Since childhood I have been attracted to the visual arts, antiques, beautiful objects… and collecting. I collected everything. I was passionate about possessing, hoarding, gazing and gazing again at my objects of desire. I enjoyed being alone to contemplate my possessions, experiencing that sense of ownership. Recalling how my personal history related to each piece, how and where I obtained it… Showing my discoveries to others… The pleasure of searching… The pleasure of finding and of having.

In the case of rugs, my affinity with textile work surely plays a role. It is a closeness that I inherited from my weaver ancestors; the familiar smell of wool still evokes my childhood days.

My passion for design also plays a part: my appreciation of the possibilities of stylised form, my dedication to the visual arts: drawing, painting, sculpture and architecture. The combination of all these elements mingled with my partiality for the extravagant in design, the exuberant, the baroque and the poetic. I built up my collection over many years of serious application. I made mistakes, learning to become more precise in knowing what I wanted. The principal factor in making the decision to buy a piece, always dependent on my resources at the time, was solely based on personal preference, the immediate allure, the human element related to the predictable and the unexpected, and the emotion and pleasure of admiring each piece.

I was drawn to rugs from the Orient, legendary birthplace of my wandering ancestors, who millennia ago abandoned the life of pastoral nomads to become and remain, by necessity, nomads moving between countries and continents. On occasions, a rug was the most valuable asset they were allowed to take when emigrating.

For many years rugs attracted me, but I just admired them – in the words of the tango-song '…with my nose against the shop window, blue from the cold'. Then one day I decided that I could buy them.

Imagine the excitement of walking into a shop. What would I discover? Or at an auction, to bid, gamble, win or lose. Connecting with my hunter instinct I would search the shops, the markets or in cyberspace, find something special or unique, be amazed by my discovery, hide my excitement. And finally I might reproach myself after losing a piece when I could have offered more. Or have doubts, or the painful certainty, that I had bought unwisely and paid too much.

INTRODUCCIÓN

LA COLECCIÓN

Para comenzar, quiero compartir con el lector el porqué de esta colección de alfombras.

Desde chico fui atraído por las artes plásticas, las antigüedades, los objetos hermosos y el coleccionismo. Coleccioné de todo. Me apasionaba el tener, acaparar, mirar y volver a mirar, gozar en soledad contemplando las posesiones, sentir la posesión. Rememorar mi historia personal con cada pieza, cómo y dónde se consiguió. Exhibir ante el otro... Cazar... Obtener.

En el caso de las alfombras, seguramente pesa mi cercanía con el trabajo textil, cercanía que heredé de ancestros tejedores; la familiaridad con el olor de la lana me evoca la época de la niñez.

También desempeñan su rol mi pasión por el diseño, las posibilidades de la estilización de las formas, mi dedicación a las artes visuales, el dibujo, la pintura, la escultura, la arquitectura. Y la combinación de todas ellas, sumadas a una particular tendencia a lo desmedido, lo exuberante, lo barroco y lo poético en el diseño. La colección se formó a lo largo de años apasionados en los que fui cometiendo errores, aprendiendo y volviéndome más preciso, pero siempre, junto a mis posibilidades y limitaciones, primaron –como principal factor de decisión para adquirir una pieza– mi gusto personal, la atracción inmediata, el descubrimiento del toque humano en la conjunción de lo esperable y lo inesperado y la fascinación y el placer en su contemplación que me trasmitía cada una de ellas.

Alfombras de Oriente, cuna mítica de mis ancestros, pueblo vagabundo, que dejó hace milenios el nomadismo pastoril, para transformarse por necesidad en pueblo nómade entre países y continentes, hasta nuestros días.

En ocasiones la alfombra era el bien más valioso que se permitían llevar al emigrar.

Durante muchos años las alfombras me atrajeron, pero me limitaba a contemplarlas con "la ñata contra el vidrio, en un azul de frío", como dice el tango. Hasta que un día decidí que podía adquirirlas.

Sentir la excitación de entrar a un negocio ¿Qué voy a descubrir? O a un remate para pujar, apostar, lograr, fracasar. Desplegar mi instinto de cazador buscando en los negocios, los mercados o el ciberespacio; encontrar algo especial o único, deslumbrarme con el descubrimiento, disimular la excitación. Y, finalmente, reprocharme por haber perdido una pieza al no ofertar más, o experimentar la duda, o la dolorosa certeza, de haberme equivocado comprando y pagando en exceso.

Since rugs are basically sensory objects, I will try to explore their relationship with the senses.

Sight plays its role at a distance and up close; as the eyes wander, one picks out the details, discovers the unexpected, the unusual, makes comparisons, places one rug together with others, observes their differences and similarities, the defects, the wear, the repairs. One enjoys the changes that the effects of light make on the folds, bringing alive the sheen of the wool. Everything dazzles: the stacks of rugs, the designs, the colours.

The sense of *smell* – the pleasant, evocative aroma of wool.

The sense of *touch* – passing one's fingers over the surface one feels the texture. Kneading the rug to feel its quality is an unconscious gesture inherited from my weaver ancestors. One feels the consistency, the suppleness of the pieces, their weight or lightness. I like stepping barefoot on them, reclining on them while in conversation, lying on them, sleeping and awaking on them. Making love on them.

The sense of *hearing* – the ear detects both the softened sound as well as the dull thud of a folded or rolled-up rug when one lets it fall, or when the salesmen displaying their goods throw them one at a time on the pile.

Even *taste* can be conjured up if one imagines a banquet laid out on rugs – eating and drinking surrounded by them as if one were a Pasha.

Then there is the romance and mystery, the secrets that we will never know. Who wove them? Was it for her own use? To sell them? Who was the first person to buy them? Who owned them? Where did they travel to? What is the significance of the designs and details? What did they mean for the weaver? What do they mean now for us?

I observe the basic design and its creative and fantastical variations. Fantastical? It is difficult to be certain. All we can do is enjoy them, which is no minor matter.

Shady oriental markets, I invoke you! A few decades back I came across the closest I had seen to what I thought a Central Asian market would look like. It was the rug section of the open-air market at Izmaylovsky Park in Moscow: dark-skinned salesmen were sleeping on the piles of rugs that were also hung to separate each stand, as if they were tents. To the question, *Skolko eto?* (How much is it?) would come the reply, 'First price four hundred!'

Rug markets: a world of bargaining, fibs, uncertainties. Successes and failures.

Siendo las alfombras objetos principalmente sensoriales, recorro su relación con los sentidos.

La *vista* se despliega en el lejos y en el acercamiento, en el recorrido por los diseños, los detalles, el descubrimiento de lo insólito, la comparación, la yuxtaposición de una alfombra con otras, sus diferencias y similitudes, los defectos, el desgaste, las reparaciones. Goza con los cambios de la luz sobre los pliegues, que hacen resaltar el brillo de la lana. Todo es deslumbrante: las pilas de alfombras, sus diseños, sus colores.

El *olfato* suscita el evocador olor de la lana.

El *tacto* permite, al pasar los dedos por la superficie, sentir la textura, amasar la alfombra entre los dedos para experimentar su calidad (gesto inconsciente que conservo de mis ancestros textiles). Hace sentir la consistencia, la flexibilidad de las piezas, su peso o ligereza. Me gusta pisarlas descalzo, recostarme para charlar, acostarme, dormirme y despertarme sobre ellas. Amar sobre la alfombra.

El *oído* capta tanto los sonidos amortiguados como el ruido sordo de la alfombra plegada o enrollada cuando se la deja caer, o cuando los vendedores que las exhiben van pasando una y otra en la pila.

Al *gusto* solo puedo imaginarlo relacionado con un banquete sobre alfombras: comer y beber rodeado de ellas "como un pachá".

Romanticismo, misterio, lo que nunca sabremos sobre ellas. ¿Quién las hizo? ¿Para usarlas? ¿Para venderlas? ¿Quién fue el primero que las compró? ¿Qué recorrido siguieron? ¿Quiénes las tuvieron? ¿Qué significan sus diseños y detalles? ¿Qué significaron para quien las tejió? ¿Y qué significan para nosotros, ahora?

Miro el diseño básico y sus variaciones creativas y caprichosas. ¿Caprichosas? Es difícil obtener certezas. Nos queda el disfrutarlas. Que no es poco.

¡Oscuros mercados de Oriente, os invoco! Vi hace unas décadas, en el sector de las alfombras al aire libre en el Izmailovski Park de Moscú, lo más parecido a un mercado de Asia Central que conocí. Vendedores oscuros durmiendo sobre las pilas de alfombras. Otras colgadas para delimitar, a manera de tiendas, el espacio de cada vendedor. La pregunta: ¿*Skolko eto?* (¿A cuánto ésta?). La respuesta: *First price four hundred!* (¡Primer precio cuatrocientos!).

Vendedores de alfombras: regateos, mentiras, incertidumbres. Logros y fracasos.

THE BOOK

There are numerous excellent books in which scholars specialising in the study and analysis of rugs broaden our knowledge of the ethnological, historical and technical fields. Some are dedicated to meticulous study of the attribution of origin of the rugs to one tribe or another. I read these texts with interest and admiration, but my approach in this book is different, purely instinctive, rooted in enjoyment and aesthetic discovery. I aspire to share my own impressions with the reader, while displaying my collection as a whole. In no other way would this be possible, particularly in the remote latitudes of the Southern Hemisphere that I inhabit. This book is not an academic study. It is the result of my own journey as an amateur, in the broadest and best meaning of this word.

Technical analysis of the pieces is an important key to knowing which tribe might have woven them, and to determining date of manufacture. It has not been possible to perform such tests, and so attribution and age must be taken as approximate. Even in texts focused on scientific research and deduction, both matters are sometimes subject to differences of scholarly opinion.

All the rugs included in this book are of the 'knotted' type, woven knot by knot on a structure of warp and weft. There are no examples of other techniques, such as kilim or soumak 'flat weaves'. Neither have I included knotted pieces intended as bags, pillows, saddle covers or blankets.

The collection comprises rugs produced by nomad tribes or those settled in villages. They are not the products of large urban workshops. They were woven by a woman or a family, and were considered the owner's most valuable possession, objects to be proud of, and a reaffirmation of the clan or tribe's identity.

Let us imagine a woman weaving: knotting threads of wool at an incredible speed, weaving by memory an intricate design, following the invisible map that is in her mind. She decides on the variations and additions as the work progresses, filling in the empty surfaces with motifs that her imagination and the tribe's traditions indicate. It is a tough environment, with extremes of heat and cold, the ravages of wind and dust. There is always the possibility of having to move, which means taking down and reassembling the primitive horizontal loom made from logs.

The weaver might leave a defiant signature of her work, allowing creative freedom to overcome religious taboos, declaring the presence of the human individual. Even today we can discern and recover, preserved through generations, indigenous motifs, mythical and magical, whose origins predate the establishment of Islam.

The first part of the book is dedicated to rugs from southern Persia, currently the province of Fars, Iran. Most were woven by members of two tribal confederations, Qashqa'i and Khamseh, and there are some produced by the Afshar tribe.

The Qashqa'i Confederation was composed of tribes of Turkish origin. They were a powerful force; their identity survived forceful settlement and submission imposed by

EL LIBRO

Existen numerosos y excelentes libros en los que expertos dedicados al estudio y la investigación de las alfombras amplían nuestros conocimientos en los campos etnológico, histórico, técnico o el dedicado al estudio minucioso de las atribuciones de las alfombras a una u otra tribu. Leo esos textos con interés y admiración, pero mi acercamiento en este libro es distinto, puramente sensible y fuertemente orientado al goce y al descubrimiento estético, y a compartir con los lectores estas sensaciones, así como poder descubrir la colección como un todo, imposible de apreciar de otra manera, tanto más en estas lejanas latitudes del Sur. Este libro no es una obra académica, es el resultado de mi propia travesía *amateur*, en el más amplio y mejor sentido de esta palabra.

El análisis técnico de las piezas aporta datos fundamentales para las atribuciones de origen y fechas de fabricación. Estos análisis no pudieron ser realizados, por eso las atribuciones y fechas deben ser tomadas como aproximadas. Aun en estudios con el énfasis puesto en la investigación y los aspectos científicos, ambas materias son, a veces, poco precisas y objeto de opiniones de los especialistas.

Todas las alfombras presentadas en este libro son del tipo "anudado", en las que, sobre una estructura de trama y cadena, se teje nudo a nudo. No hay aquí ejemplos de otras técnicas, como el tejido "plano" Gelim o Sumak. Tampoco hay piezas anudadas creadas para otros usos, como bolsas, almohadones, cubremonturas o mantas.

La colección está dedicada a alfombras de tribus nómades o establecidas en aldeas; no son producto de grandes talleres urbanos. Fueron tejidas por una mujer o una familia y se consideraban la posesión más valiosa, objetos de orgullo y de reafirmación de la identidad del clan o tribu.

Imaginemos a la tejedora, anudando mechas de lana a velocidad asombrosa, haciendo de memoria un intrincado diseño, siguiendo el mapa invisible que está en su mente. Decidiendo las variaciones y agregados sobre la marcha, llenando cada espacio libre con los motivos que le dictan la tradición de su tribu y su imaginación. En un ambiente duro, con calor o frío, viento, quizás sufriendo traslados, armado y desarmado del primitivo telar horizontal de troncos.

La libertad creativa pasando por encima de los tabúes religiosos, la presencia de la figura humana, muchas veces representándose a ella misma, tomando el valor de orgullosa firma de su obra. Rescatando desde lo profundo de las generaciones motivos indígenas, míticos y mágicos cuyos orígenes, anteriores al establecimiento del Islam, se pueden bucear en civilizaciones varias veces milenarias.

La primera parte está consagrada a alfombras del sur de Persia, actual provincia de Fars, Irán. Fueron tejidas por miembros de dos confederaciones tribales: Qashqa'i y Khamseh, más algunos ejemplos de la tribu Afshar.

La Confederación Qashqa'i, integrada por tribus de origen turco, constituyó una fuerza importante, su identidad sobrevivió a las políticas de asentamiento forzoso y de

successive central governments. To this day, some Qashqa'i tribes still maintain their nomadic life.[1]

The Khamseh Confederation was formed in 1860, bringing together five tribes of different origins: Arabi, Ainalu, Baharlu, Nafar and Bassiri. The Confederation was dissolved by the Shah during the 1950s.[2] The scholar Cyrus Parham maintains that, owing to the diversity of tribes lacking a common cultural background, the term 'Khamseh' is insufficient as an attribution of tribal origin.[3] Nevertheless, it is commonly used; and, in the absence of further information to determine the origin of the pieces, it is the term we will be using in this book.

It is necessary to bear in mind the social interaction and marriage between the tribes. The designs were 'lent', and, as Ralph Kaffel correctly asserts in his extraordinary book *Caucasian Prayer Rugs*, 'design travels'.[4]

Most of the rugs shown in this book were woven slightly before or after the end of the nineteenth century, during the last stages of the 'golden era' of tribal-made rugs. At that time the tribes maintained a strong self-identity and, to a large degree, the nomadic life still existed. The colours were obtained using natural dyes (vegetable, animal and mineral) and their design is authentic. Practically all these rugs are made entirely with wool, both the structure (warp and weft) and the knots. The exceptions are some rugs created by the Afshar tribe, made of knotted wool on a cotton structure.

These tribes wove rugs with a myriad of different designs, many of these with distinct 'urban' influences or responding to market preferences. The focus of this book is exactly the opposite; it is on pieces that maintain what we can define as designs with distinct 'tribal spirit', particularly the marvellous family of 'bird rugs' woven by the Khamseh tribes. The first section of the book is dedicated to them.

It is followed by a section with exemplars of assorted designs; another showing rugs with animal and human figures; and then a section with pieces representing the boteh motif. The section dedicated to rugs from southern Persia closes with a rare and mysterious piece, the 'Arab Jinni' rug.

Next are shown rugs from the Caucasus. After a section showing varied designs comes one concerned with examples displaying the so-called 'keyhole motif' and similar designs from different localities, and then a collection of 'Shikli' rugs from the Kazak region. These allow one to appreciate, on the same traditional layout, the variations added by the weaver's creativity.

We conclude by paying homage to the 'Sigmund Freud' rugs.

I hope readers will enjoy this book and that it will motivate them to appreciate this unique art.

sometimiento a los sucesivos gobiernos centrales. Aun en la actualidad ciertas tribus mantienen su modo de vida nómade.[1]

La Confederación Khamseh se constituyó en la década de 1860, uniendo cinco tribus de orígenes diversos: Arabi, Ainalu, Baharlu, Nafar y Bassiri, y fue disuelta por el Sha en la década de 1950.[2] El estudioso Cyrus Parham sostiene que, debido a la diversidad de tribus y sus diferentes tradiciones culturales, la atribución "Khamseh" es insuficiente para determinar el origen de una alfombra.[3] De todas maneras, ésta es usada habitualmente y, a falta de mayores conocimientos para determinar el origen de las piezas, también será empleada en este libro.

Es necesario tener presente que existió interacción social y matrimonial entre las tribus, que los diseños se tomaban "prestados" y que, como expresa acertadamente Ralph Kaffel en su extraordinario libro *Caucasian Prayer Rugs*, "el diseño viaja".[4]

La mayoría de las alfombras presentadas en este libro fue tejida poco antes o poco después de finales del siglo XIX, en la última etapa de "la edad de oro" de producción de alfombras tribales, cuando las tribus gozaban de una potente identidad propia y, en general, aún persistía la vida nómade. Los colores se obtenían utilizando tintes naturales (vegetales, animales y minerales), y su diseño es genuino. Todas estas alfombras están enteramente realizadas en lana, tanto su estructura (cadena y trama) como los nudos, con excepción de algunas piezas de la tribu Afshar, anudadas en lana sobre estructura de algodón.

Estas tribus tejieron muy diversos diseños, muchos de ellos con fuertes influencias "urbanas" o respondiendo al gusto del mercado. El foco de este libro está en lo opuesto, en piezas que conservan lo que podríamos definir como diseños con acentuado "espíritu tribal", en particular la maravillosa familia de "alfombras de aves" tejidas por las tribus Khamseh. La primera sección está dedicada a éstas.

Siguen una sección que muestra diseños diversos, otra consagrada a alfombras que representan animales y figuras humanas, y, a continuación, se exhiben ejemplares con el motivo *boteh*. Una sección dedicada a una pieza misteriosa y única, la alfombra "Arab Jinni", cierra la parte sobre alfombras del sur de Persia.

Seguidamente, se muestran alfombras del Cáucaso, con una sección dedicada a algunas con diversos diseños; sigue una sección de ejemplares con el así llamado "motivo de ojo de cerradura" y diseños afines provenientes de distintas localidades; y, finalmente, una colección de alfombras "Shikli" de la región Kazak, que permite apreciar las variaciones aportadas por la creatividad de las tejedoras respetando el mismo estricto planteo tradicional.

El libro concluye con un homenaje a "Las alfombras de Sigmund Freud".

Espero que el lector lo disfrute y que su lectura lo motive a la apreciación de este arte único.

THE RUGS

LAS ALFOMBRAS

BIRD RUGS OF SOUTHERN PERSIA

Trees were symbols worshipped by almost all peoples and religions. Their roots are hidden in the underworld; part of them inhabits the same world as humans, yet their branches reach the sky, home of the gods. Through the ages, ancient oriental cultures venerated trees and birds; numerous examples show them, together with fabulous animals, on each side of totem poles or 'rain-trees'/'trees of life'. There was a widespread belief that the song of the birds brought rain, vital for the subsistence of people and cattle. Birds were also considered as intermediaries between men and gods, messengers to the ancestor's souls, inhabitants of the branches of the sacred trees, and of the space between earth and sky. James Opie writes beautifully: 'What are angels but combination of human and bird forms? Next to trees, birds are mankind's most popular symbol'.[5] According to Opie and other scholars, these are the traditions that, millennia later, explain the presence of birds in such prominent positions and, in some cases, as the only subject of the dazzling and marvellous designs of these genuine works of art.

ALFOMBRAS DE AVES DEL SUR DE PERSIA

Los árboles fueron reverenciados por casi todos los pueblos y religiones; sus raíces se hunden en el inframundo, están presentes en la tierra, como los humanos, y extienden sus ramas al cielo, morada de los dioses. A través de las épocas, antiguas culturas de Oriente veneraron a los árboles y a las aves; numerosos ejemplos lo demuestran: animales fantásticos, a ambos lados de postes totémicos o "árboles de la lluvia / árboles de la vida". Fue generalizada la creencia de que, con sus trinos, las aves atraían la lluvia, vital para la subsistencia de personas y ganado. Las aves también fueron consideradas mediadoras entre el hombre y los dioses, mensajeras hacia las almas de los ancestros, habitantes de las ramas de los árboles sagrados y del espacio entre la tierra y el cielo. James Opie lo expresa bellamente: "¿Qué son los ángeles, sino la combinación de formas humanas y de aves? Junto con los árboles, las aves son los símbolos más difundidos de la humanidad".[5] Según él y otros estudiosos, éstas son las tradiciones que, milenios más tarde, explican la presencia de aves en tan destacada posición y, en algunos casos, como únicas protagonistas de los asombrosos y maravillosos diseños de estas genuinas obras de arte.

CLASSICAL MEDALLIONS DESIGN

This design consists of a group of diamond-shaped motifs ('medallions') arranged in the centre on a different colour background ('the field'). Scholars have suggested that its origin is the representation of water fountains.[6] This idea is backed by the fact that in numerous cases the medallions are bordered with multi-coloured zigzag lines. Examples of pottery from remote eras show similar lines representing the ripples of water.[7] On most rugs, the medallions are interconnected and, in many cases, extensions to the side are added. There are variations with either only one medallion or with multiple columns of medallions. On the following pages we will find wonderful gardens with central fountains, idealised by people for whom water was a vital necessity and yearned-for delight.

DISEÑO CLÁSICO DE MEDALLONES

Este diseño consiste en un conjunto de motivos en forma de rombos ("medallones") dispuestos en el centro de un fondo de color diferente ("el campo"). Algunos estudiosos han planteado que su origen es la representación de fuentes de agua.[6] Esta idea se refuerza con el hecho de que, en numerosos ejemplos, los medallones están delimitados por líneas multicolores en zigzag. Alfarería de la más remota antigüedad muestra líneas similares que representan las ondulaciones del agua.[7] En la mayoría de las alfombras, los medallones se conectan entre sí, y, en muchos casos, se agregan prolongaciones hacia los lados. Hay variantes de un solo medallón y de múltiples columnas de medallones. Vamos a contemplar, en las páginas siguientes, maravillosos jardines con fuentes en su centro, idealizados por gente para la cual el agua era necesidad vital y ansiado goce.

This imposing Arab-Khamseh rug represents the classic design of medallions with multi-coloured stepped outlines. In the medallions, 'chickens' are arranged along each side of a vertical column of palmettes. The midnight-blue field can hardly be seen, as the weaver has covered it with randomly placed chickens, rosettes, palmettes and flowers. In the central medallion, lost among the birds, is a single comb motif, a symbol of cleanliness rituals. No creature with more than two legs is included. The wool is excellent, the dyes are saturated, and the very narrow, unpretentious borders are an archaic characteristic. Formerly part of the Anton Danker Collection, the rug was exhibited in April and May 1966 at the State Art Museum in Wiesbaden, Germany, and published by Heinrich Jacoby in *Masterpieces of the Art of Oriental Weaving*, where it is attributed to the 'Gashgai' tribe.[8] In light of later assessments by James Opie and Detlef Maltzahn, it seems more accurate to assign it to the Arab tribes from the Khamseh Confederation.[9]

Esta majestuosa alfombra muestra el clásico diseño de medallones con bordes escalonados multicolores; éstos están poblados de gallinas ordenadas a ambos lados de una línea vertical de palmetas. El campo, azul noche, apenas se ve, cubierto como está por gallinas, rosetas, palmetas y flores que la tejedora dispuso caprichosamente. En el medallón central, perdido entre las gallinas, hay un único diseño de peine, un símbolo ritual de la higiene. Ningún ser de más de dos patas está presente en el diseño. La lana es excelente, los tintes son saturados, las guardas simples y muy angostas son una característica arcaica. Esta pieza formó parte de la Colección Anton Danker, fue exhibida en abril y mayo de 1966 en el Museo Estatal de Arte de Wiesbaden, Alemania, y se publicó en el libro *Obras maestras del arte del tejido oriental*, donde es atribuida a la tribu Gashgai.[8] A la luz de las observaciones de James Opie y de Detlef Maltzahn, la atribución a las tribus Arab, de la Confederación Khamseh, resulta más acertada.[9]

1. KHAMSEH – ARAB
3.14 x 1.57 m
Late 19th century | Finales del siglo XIX

This Arab-Khamseh rug, Plate 2, is similar to the previous example, but in this case quadrupeds are added to the chickens, as well as representations of the ancient mythical 'bird guardian of the rain', with two heads and a flower growing on its back.[10] A pair of strange 'camel-like birds' appear at the sides of the field beside the centre medallion, four triangles forming their bodies, wings and tails. The ornamentation of the lower and upper medallions is organised around a palmette and, in the central medallion, around an infinite plant that symbolises the eternal growth of existence of the tree of life.[11] The border system is more complex, incorporating a main stripe called *laleh* (tulip), which represents an early candleabra.[12] The weaver began her work with the lower line of triangles and diamonds (trefoils) that frame the field, knotted in red, and then for some reason changed to ivory for the sides and the top.

Un ejemplo similar al anterior, pero aquí a las gallinas se les suman cuadrúpedos y representaciones de la antigua y mítica "ave guardiana de la lluvia" de dos cabezas, con una flor que crece en su lomo.[10] Dos únicas y extrañas "aves-camello" aparecen en el campo, a los lados del medallón central, cuatro triángulos forman sus cuerpos, alas y colas. La ornamentación de los medallones inferior y superior se organiza alrededor de una palmeta, y en el medallón central, a los lados de una planta infinita que simboliza el eterno crecimiento del "árbol de la vida".[11] El sistema de guardas se hace más complejo, con la incorporación de la guarda central llamada *laleh* (tulipán), que representa antiguos candeleros.[12] La tejedora inició su trabajo con la línea de triángulos y rombos que enmarcan el campo, anudados en color rojo en el borde inferior, y luego, por alguna razón, cambió a color marfil, en los laterales y en la sección superior.

2. KHAMSEH – ARAB
3.03 x 1.89 m
Early 20th century | Inicios del siglo XX

3. KHAMSEH – ARAB
2.28 x 1.33 m
Late 19th century | Finales del siglo XIX

The design of this Arab-Khamseh rug is related to the two previous examples, but with some notable variations. Palmettes or other designs do not appear; here the chickens rule the roost. The medallions show lines of rosettes in their interior and in the exterior of their stepped guards. The external line of rosettes generates an interesting transition between the medallions and the midnight-blue field. The birds in the interior of the three medallions are concentrically organised, with different colour variations. The main borders are separated by thin guard stripes of reciprocal 'waves' in ivory and black. As one contemplates the field, it transmits a pleasant sensation of integration in one single, almost hypnotic, glowing tone; careful study reveals this to be achieved by the birds' exquisite and balanced colour composition. Floppy to the hand, it is a piece with great coherence and harmony in its palette.

El diseño está relacionado con los dos ejemplos anteriores, pero con variaciones notables. No aparecen las palmetas ni otros diseños: aquí las gallinas son reinas y señoras. Los medallones presentan líneas de rosetas en el interior y el exterior de sus guardas escalonadas. La línea exterior de rosetas genera una interesante transición entre los medallones y el campo azul noche en el que está ubicada. Las aves en el interior de los tres medallones se ordenan en forma concéntrica, con diferentes variaciones de color. Las guardas principales se separan por guardas finas de diseño recíproco de "olas" en marfil y negro. Al contemplar el campo a distancia, se siente la placentera sensación de integración en un solo tono resplandeciente, casi hipnótico, que la mirada en detalle descubre formado por la exquisita variedad cromática de las aves. Es una pieza de mano muy flexible, que trasmite una gran coherencia y armonía en su paleta.

This Baharlu Khamseh rug, Plate 4, has a masterly and distinctive palette, with a predomination of very saturated medium tones: various tones of madder red, light blues, greens and orange-yellows. The midnight-blue field is confined within a powerful zigzag reserve decorated with birds, which separates the four medallions from the lateral triangles that share the ivory-coloured background. The coupled birds beside the central column of multi-coloured palmettes face alternately inwards or outwards. The birds maintain their main colours but change the colour of their outlines according to whether they are on a light or dark background. The effect is amazing, depending on where the observer fixes his gaze. The sides of the field are decorated with the *gol farang* (literally 'French medallion', *farang* meaning 'foreigner'), a stylisation of a bouquet of flowers, practically an abstraction (see pages 138–39). Among the chickens represented in the tribe's traditional way, the weaver allows herself to include a strange creature below the left extension of the upper medallion. In the sections where the laterals become narrower, an array of chequered rectangles, 'sun chariot' symbols, and rosettes with an inexhaustible chromatic variation witness the skill of the Baharlu weavers. A similar example, belonging to a previous generation, was published in Cyrus Parham's books.[13]

Una pieza con una interesante y distintiva paleta en la que predominan los tonos medios muy saturados: varios tonos de rojos *madder*, azules, verdes, amarillos-anaranjados. El campo queda reducido a una potente guarda en zigzag azul noche poblada de aves, que separa los cuatro medallones de los triángulos laterales, con los que comparten el fondo marfil. Las aves que se alinean en parejas a los lados de la columna central de palmetas multicolores, ya sea enfrentándose o mirando hacia afuera, mantienen sus colores principales, pero cambian el de su borde según se encuentren sobre fondo claro u oscuro; el efecto sorprende según dónde fije la atención el ojo del observador. Los laterales del campo están poblados por el diseño de *gol farang* ("medallón francés", equivalente a "extranjero"), una estilización de un ramo de flores, cercana a la abstracción (ver páginas 138-139). Entre las gallinas con el diseño tradicional de la tribu, la tejedora se permite incluir una única extraña criatura bajo la prolongación izquierda del medallón superior. En las secciones en las que los laterales se angostan, un apilamiento de rectángulos cuadriculados, símbolos del "carruaje solar" y rosetas con una inagotable variación cromática dan muestra de la maestría de las tejedoras Baharlu. Un ejemplo similar, de una generación anterior, fue publicado en los libros de Cyrus Parham.[13]

4. KHAMSEH – BAHARLU
2.62 x 1.36 m
Late 19th century | Finales del siglo XIX

5. QASHQA'I
3.06 x 1.65 m
Late 19th century | Finales del siglo XIX

The weavers of these two Qashqa'i rugs, Plates 5 and 6, display their creativity based on their tribe's iconographic repertoire.[14] One can contemplate them for a long time, discovering and marvelling at the imagination in the treatment of just one motif: birds. The medallions are full of groups of rosettes, birds and flowers that are displayed concentrically by size and colour. The creators of these pieces put a great deal of effort into varying the design of each medallion. The contrasts between the deep midnight blue and intense madder reds of the zigzagging fields where the medallions are placed, together with the powerful lateral frames, add depth to the compositions. The piece shown in Plate 6 is framed by a notable array of guard stripes with multi-coloured geometric designs, while the example in Plate 5 presents a more formal border system: the secondary stripes, named *mahi-nimgol* (fish and half-rosette); and the main border, *shahparaki* (butterfly). In this rug's central medallion a solitary humanoid figure acts as the weaver's signature.

6. QASHQA'I
2.74 x 1.54 m
Late 19th century | Finales del siglo XIX

Dos alfombras Qashqa'i,[14] en las que las tejedoras despliegan su creatividad partiendo del repertorio iconográfico tribal. Se puede estar largo rato descubriendo y maravillándose de la imaginación en el tratamiento de un único motivo: las aves. Los medallones están poblados de conjuntos de rosetas, aves y flores que se disponen en forma concéntrica, ordenadas por tamaño y color. Las autoras de estas piezas se esmeraron en las variaciones de diseño de cada medallón. El contraste de los campos reducidos al zigzag que enmarca a los medallones, y los potentes marcos laterales, con su intensidad cromática de profundos azules noche e intensos rojos *madder*, agregan profundidad a las composiciones. La pieza 6 está enmarcada por un notable conjunto de guardas con diseños geométricos multicolores, mientras que el ejemplar 5 presenta un sistema de guardas más formal, las secundarias llamadas *"mahi-nimgol"* (pez y media roseta) y la principal, *"shahparaki"* (mariposa). En el medallón central de esta alfombra, una solitaria figura humanoide oficia como firma de la autora.

7. QASHQA'I
2.80 x 1.53 m
Late 19th century | Finales del siglo XIX

This Qashqa'i rug, though similar to the two on the preceding pages, is markedly different because of the powerful design of its main border, with its medallions surrounded by extensions that finish in 'animal heads'.[15] The deeply saturated colours suggest that the master dyers used an extensive quantity of dyes and applied considerable dedication to obtaining so much intensity of hue from natural sources. In this case, as in both the preceding ones, medallions and field are outlined by solid-and-void (reciprocal) 'animal-head' pattern stepped guards, reminiscent of the magical power attributed to that which is secret (in this case, the power of the hidden: the 'void' representation of the 'rain bird' heads).[16] Two minute feminine figures represent the weaver's signature, one in the upper medallion and a second on a red background to the left of the lower medallion. This piece shares many characteristics with the famous Qashqa'i rug that covers Sigmund Freud's psychoanalytic couch, to be found in his house in London, now a museum (see 'The Freud Rugs').

Esta alfombra, similar a los dos ejemplos de la página precedente, se diferencia notablemente por su borde principal de potente diseño con sus medallones rodeados de prolongaciones terminadas en "cabezas de animales".[15] Los colores nos hablan de maestros tintoreros, de grandes cantidades de tinturas y enorme dedicación para lograr esta intensidad de tonos a partir de elementos naturales. En este ejemplar y en los dos precedentes, tanto los medallones como el campo están enmarcados por guardas escalonadas con diseño recíproco (lleno y vacío) de "cabezas de animales", una reminiscencia del poder mágico atribuido a lo secreto (en este caso, el poder de lo oculto: la representación "vacía" de las "cabezas del ave de la lluvia").[16] Dos minúsculas figuras femeninas firman su obra, una en el medallón central y otra sobre el fondo rojo, a la izquierda del medallón inferior. Esta pieza comparte muchas características con la famosa alfombra Qashqa'i que cubre el diván de psicoanálisis de Sigmund Freud, que se encuentra hoy en la casa-museo que lleva su nombre, en Londres (ver "Las alfombras de Freud").

8. KHAMSEH
2.50 x 1.33 m
First quarter 20th century | Primer cuarto del siglo XX

In the Khamseh rug in Plate 8, the weaver begins her work with a mistake in calculating the available width relative to the chosen design: in the centre of the lower guard there is a fine bicolour line that is interrupted as it ascends. An interesting and atypical border system frames the midnight-blue field, which is filled with highly stylised animals and chickens. The rug in Plate 9, also Khamseh, is an example of geometric rigour: even the birds are highly stylised as triangles, their backs adorned with a protruding 'bird's-head' design, representing feathers. The exception is found in two red fowl rendered in the traditional Khamseh manner, as if the weaver could not, or did not want to, break with her tribe's tradition. Double *boteh* of different sizes, and rosettes, fill the medallions and the field. In the centre of the medallions, a horizontal line with numerous protrusions generates a subtle filigree. An imposing piece imbued with 'primitive tribal flavour'.

9. KHAMSEH
3.20 x 1.67 m
Last quarter 19th century | Último cuarto del siglo XIX

En el ejemplar 8, la tejedora inicia su trabajo con un error de cálculo del ancho disponible en relación con el diseño elegido: en el centro de la guarda inferior hay una fina línea bicolor, que se ve interrumpida al ascender. Un interesante y atípico sistema de guardas enmarca el campo azul noche poblado de animales y gallinas muy estilizadas. La alfombra 9 es un ejemplo de rigor geométrico: hasta las aves se sintetizan como triángulos cuyos lomos se adornan con el diseño "cabezas-de-ave", que se extienden a manera de plumas. La excepción son solo dos gallinas rojas de diseño Khamseh tradicional, como si la tejedora no pudiese, o no quisiese, sustraerse a la tradición de su tribu. Dobles *boteh* de distintos tamaños, así como rosetas, llenan medallones y campo. En el centro de los medallones, una línea horizontal con numerosas prolongaciones genera una notable y sutil filigrana. Es una imponente pieza de "primitivo sabor tribal".

10. KHAMSEH – ARAB
1.95 x 1.63 m
First quarter 20th century | Primer cuarto del siglo XX

11. KHAMSEH – ARAB
1.47 x 1.10 m
First quarter 20th century | Primer cuarto del siglo XX

These three Arab Khamseh rugs give the impression of belonging to a folklore that honours ancient traditions, scarcely influenced by urban cultures. The rug in Plate 10 exhibits a luminous reverberation, especially with regard to the birds that surround the lower medallion, with their red bodies and yellow borders. The stepped guards of the medallions protrude outwards with 'animal heads'. Plates 11 and 12 show rugs on which we find water symbolism. The innermost border of chequered triangles evokes the 'water mountain reservoir',[17] and on the lower section of plate 12, the frame and main guard receive a different treatment on each side. The central medallions are seldom so small, and here their lateral arms extend until they connect with the border, forming a continuous motif of multicoloured stripes dividing the field into six sections. The rug has other atypical features I have not seen published before: all the chickens are the same red colour but their crests have different designs. These characteristics also appear on Plate 67 (see page 111) and are so rare that one may infer that both rugs were made by the same family or clan, with one or more generation's difference. It is amazing, and moving, that two pieces woven by the same people find themselves in the same place a century later, each having followed its own labtrinthine path.

Tres alfombras que nos trasmiten la sensación de estar ante obras pertenecientes a un folklore que honra tradiciones de larga data, con escasa influencia de culturas urbanas. El ejemplar 10 adquiere una cierta luminosa reverberación, en especial en las aves que rodean el medallón inferior, con sus cuerpos rojos y bordes amarillos. En las piezas 11 y 12 encontramos referencias simbólicas al agua: el marco interno de triángulos cuadriculados evoca el "reservorio de agua en las montañas".[17] En la parte inferior de la alfombra 12, este marco y la guarda principal tienen diferente tratamiento en cada lado. Raramente, el medallón central es muy pequeño, y las prolongaciones laterales de los medallones crecieron hasta fundirse con el marco, formando un motivo continuo de líneas multicolores y fragmentando el campo en seis secciones. La pieza presenta algunos rasgos sumamente raros, de los que no registro ejemplos similares publicados: todas las gallinas son del mismo color rojo y tienen diferentes diseños de "crestas"; estas características aparecen también en la alfombra 67 (ver página 111), y son tan inusuales, que es legítimo inferir que los dos ejemplares fueron obra de la misma familia o clan, con una o más generaciones de diferencia. Es asombroso, y conmovedor, que dos piezas tejidas por la misma gente lleguen al mismo lugar un siglo después, habiendo seguido cada una su propio laberíntico camino.

12. KHAMSEH – ARAB
1.95 x 1.55 m
Late 19th century | Finales del siglo XIX

This extraordinary and appealing rug was woven by women belonging to the Arab nomad tribes. It is a classical design, showing discernment in the choice of the concentrically arrayed colour variations of the birds within each medallion. In the bottom section of the lower one, a black chicken offers a surprise. The dark field is inhabited by magnificently coloured birds; the array of luminous azure chickens in the lower section is noteworthy. In the upper two thirds of the rug, some chickens have unconventional multi-coloured polygonal 'crests', not seen in other published examples. The ivory-coloured frame, with its long extensions towards the centre and its chequered decoration, contrasts with the midnight-blue field, providing a multi-layered sense of depth. The secondary borders look as if they are of violet colour; this is achieved by having thin red lines on a blue background. In the lower left-hand corner of the field we find the only animal on the entire rug with more than two legs. This probably represents the clan's totem or a family emblem.

Ésta es una extraordinaria y atractiva alfombra, tejida por mujeres pertenecientes a las tribus nómades Arab, en la que el diseño clásico ofrece una cuidada elección de las variaciones de color de las aves siguiendo una matriz concéntrica en el interior de cada medallón; en la parte baja del inferior, la única gallina negra aporta lo inesperado. El campo oscuro se puebla de aves de magnífico colorido, en particular las de luminoso azur en la sección inferior. En los dos tercios superiores de la pieza, algunas se adornan con una inusual "cresta" poligonal multicolor, no vista en otro ejemplo publicado. El marco marfil, con sus largas prolongaciones que se proyectan hacia el centro y su decoración de pequeños cuadrados, contrasta con el campo azul noche, al que enmarca aportando un interesante efecto de profundidad. El color violeta, que aparentan las guardas secundarias, está dado por finas líneas rojas sobre fondo azul. En el ángulo inferior izquierdo del campo, el único animal con más de dos patas en toda la alfombra invoca, quizás, el tótem del clan o un emblema de la familia.

13. KHAMSEH – ARAB
2.30 x 1.59 m
Late 19th century | Finales del siglo XIX

14. KHAMSEH – BAHARLU / AINALU
1.83 x 1.17 m
Late 19th century | Finales del siglo XIX

15. KHAMSEH – AINALU
2.22 x 1.32 m
Last quarter 19th century | Último cuarto del siglo XIX

The Baharlu/Ainalu rug shown in Plate 14 has a strong character. The typical main border, seen in many Khamseh Confederation rugs, stands out with its deep red background and intense greens, blues and yellows. These vivid colours are also found in the pairs of chickens confronted on the sides of 'trees of life', both in the field and the medallions. The red of the birds' bodies, plus the thin light-blue border, achieve an effect of glowing luminosity. Their wings are adorned with small boteh. The other two examples share design elements, but are treated very differently. The Ainalu rug in Plate 15, with its dark field covered with tribal iconography, includes subtle lines that end in buds (also shown in the corners), two-headed animals and only two enormous red chickens, different from each other, that look as if they dominate the group. The complex ivory frame, zigzagged in the corners, includes protruding triangles filled with miniature boteh on the sides. The Khamseh rug pictured in Plate 16 is an outstanding specimen, mainly because of its unique border system. This is combined in one large border that alternates floral medallions, which include a vivid green, with 'ghostly' birds, shown by only a blue outline, since in some cases their body continues in the same colour as the field while in others their shade differs only slightly from the background. The birds appear only in the vertical borders; one single bird, found in the upper-right corner, has an outline changed from blue to white, as an example of the tribal weaver's improvisation. The thin multi-coloured lines on the deep blue field provide a filigree of details and add interest to an artful and powerful design that displays an opulent colour scheme with superb dyes, characteristic of the best Khamseh pieces.

16. KHAMSEH
2.00 x 1.33 m
Last quarter 19th century | Último cuarto del siglo XIX

En la alfombra 14, de fuerte personalidad, se destaca la típica guarda principal, presente en numerosas alfombras Khamseh; en este ejemplo, con fondo rojo profundo e intensos verdes, azules y amarillos. Este colorido notable se encuentra también en los pares de gallinas enfrentadas a los lados de "árboles de la vida", tanto en el campo como en los medallones. Los colores del cuerpo de las aves, y sus finos bordes, crean un efecto de resplandeciente luminosidad, y sus alas se adornan con un minúsculo *boteh*. Las otras dos alfombras comparten elementos de diseño con tratamientos muy diferentes. La pieza 15, en su campo oscuro, cubierto de la iconografía tribal, incluye sutiles líneas terminadas en pimpollos (también presentes en los ángulos), animales de dos cabezas y dos únicas y enormes gallinas rojas, diferentes entre sí, que parecen dominar el conjunto. El complejo marco marfil presenta en los ángulos bordes en zigzag, y, en los laterales, triángulos salientes rellenos con minúsculos *boteh*. La alfombra 16 es una pieza notable, principalmente por su sistema de guardas, reducido a una sola gran guarda que alterna medallones florales, que incluyen un vívido verde claro, con aves "fantasma", solo presentes por su contorno azul, ya que en algunos casos su cuerpo continúa el mismo color del campo y, en otros, aparece una sutil diferencia de tono entre el cuerpo y el fondo. Las aves solamente están presentes en las guardas verticales, y en una sola de ellas, en el ángulo superior derecho, su contorno abandona el azul para ser blanco; un ejemplo de la improvisación de las tejedoras tribales. Las finas líneas multicolores sobre el azul profundo del campo aportan filigrana de detalle e interés a un diseño sintético y poderoso de tintes saturados, característico de las mejores piezas Khamseh.

17. KHAMSEH
2.58 x 1.67 m
Early 20th century | Inicios del siglo XX

A Khamseh rug with excellent quality velvety wool, and varied and saturated dyes dominated by an opulent hue of purplish red. It shows a highly elaborated design with certain 'urban' influences or themes 'borrowed' from neighbouring tribes; the medallions display the so-called 'Qashqa'i tribal emblem'. There is a veritable aviary of fantastic birds. Above and below the column of medallions, four gigantic birds, with long tails and necks, are made to fit into the existing space; their wings are enhanced with multi-coloured concentric lines. On the sides of the medallions are small birds with crests like plants, and two human figures are seen above the lower one. The unusual main border is a succession of pomegranates alternating with peacocks with large multi-coloured tails, flanked by minute gazelles and *boteh*. The ivory-coloured secondary borders, decorated with 'bird's heads', provide colour and contrast and emphasise each of the parts. The weaver succeeded in maintaining all the figures in the guards in a vertical position instead of pointing symmetrically towards the centre.

Una pieza de gran calidad de lana aterciopelada, con tintes muy variados y saturados, dominados por un opulento matiz de rojo-púrpura. Muestra un muy elaborado diseño con ciertas influencias "urbanas" o de tribus vecinas; los medallones lucen el así llamado "Emblema tribal Qashqa'i". La habita un verdadero "muestrario" de aves fantásticas. Por encima y por debajo de la columna de medallones, cuatro gigantescas aves con largas colas y cuellos acomodan su diseño al espacio disponible, sus alas están adornadas por líneas concéntricas multicolores. Pequeñas aves, con crestas como plantas, se ubican a los lados de los medallones, y dos figuras humanas se sitúan por encima del inferior. En la guarda principal, atípica, se suceden frutos de granada, alternando con pavos reales de grandes colas multicolores, flanqueados por minúsculas gacelas y *boteh*. Las guardas secundarias color marfil, con "cabezas de aves", contribuyen a contrastar y destacar cada una de las partes. La tejedora se ingenió para que todas las guardas conservaran el sentido de lectura vertical de las figuras, en lugar de la simetría hacia el centro.

18. KHAMSEH – ARAB
1.95 x 1.37 m
Late 19th century | Finales del siglo XIX

Two magnificent Khamsehs; the Arab rug in Plate 18 is a small gem of genuine tribal art that transmits the sensation of not having been 'contaminated' by urban influences. The system of simple guards is characteristic of the end of the nineteenth century; the field is filled randomly with chickens and fantastical animals with flowers growing on their backs, representing the fusion of the 'rain-symbol-bird' and the 'sun-symbol-horse'.[18] Near the upper left corner, an unusual 'plant' delineated in white appears to be calligraphy. It may be an attempt by the illiterate weaver to sign her work or to include a date. The rug shown in Plate 19 presents numerous characteristics identical to a nineteenth-century Khamseh published in James Opie's *Tribal Rugs.*[19] The mythical composite animals reach the height of fantasy, in almost delirious representation. Every feature is multiplied: they have two heads adorned with enormous ornamented diamond shapes, two flowering plants on their backs, and multiple inclined legs. The magnificent border system includes the central ivory-grounded border called *char boteh-stareh* (four-boteh-star). This is an ancient survivor, with moon and sun symbols: the four *boteh* represent the phases of the moon, and the eight-pointed star the sun.[20]

19. KHAMSEH
2.80 x 1.60 m
Late 19th century | Finales del siglo XIX

Dos magníficas Khamseh; la 18, una pequeña joya de genuino arte tribal, trasmite la sensación de no estar "contaminada" por influencias urbanas. El sistema de guardas simples corresponde a finales del siglo XIX; el campo está sembrado caprichosamente con gallinas y animales fantásticos con flores que crecen en el dorso, que representan el sincretismo del "ave-símbolo-de-lluvia" y el "caballo-símbolo-solar".[18] En el ángulo superior izquierdo del campo, una insólita "planta" delineada en blanco semeja una caligrafía, quizás un intento de firma o fecha hecho por una tejedora iletrada. La alfombra 19 presenta numerosas características idénticas a una Khamseh del siglo XIX publicada en el libro *Tribal Rugs*, de James Opie.[19] Los fantásticos animales compuestos alcanzan aquí su representación más imaginativa, casi delirante; cada característica está multiplicada: dos cabezas que ostentan enormes rombos ornamentados, dos plantas que florecen sobre sus lomos y múltiples patas inclinadas. La guarda principal, llamada *"char boteh-stareh"* (cuatro *boteh*-estrella), es una antigua sobreviviente, en la que los cuatro *boteh* simbolizan las fases de la Luna, y la estrella de ocho puntas, al Sol.[20]

20. KHAMSEH – BAHARLU / AINALU
1.70 x 1.41 m
Second half 19th century | Segunda mitad del siglo XIX

These two Khamseh rugs share a beautiful ivory field and design concept: the eternal growth of the 'tree of life' represented by vertical sequences of palmettes, flanked by chickens, both in the field and within the medallions. In the Arab rug pictured in Plate 21, only the 'tree of life' on the left maintains its vertical continuity; the medallions chickens of various colours in a carefully arranged symmetrical formation. An unusual solitary square form with red and blue stripes appears in the upper right corner. The Baharlu/Ainalu example shown in Plate 20, with a more 'primitive' look, is arranged in a more orderly fashion, with the motifs spaced further apart. The chickens are larger than usual, and are accompanied by 'guardians of the rain' birds with flowers on their backs. The palette is unique among the examples known to me, showing exquisite taste: although a light green, burgundy and golden yellow add richness, the dominating colours are a bright coral-red, a luminous light blue and a deep midnight blue, nearly black, contrasting vividly on the ivory background, with subtle shades of even lighter blue and red. Observing the magnificence of the superb colouring on the better-preserved border sections, we can imagine the beauty of this rug in its original condition.

21. KHAMSEH – ARAB
1.93 x 1.30 m
Late 19th century | Finales del siglo XIX

Dos alfombras que comparten el hermoso fondo marfil del campo y el concepto de diseño: el crecimiento eterno del "árbol de la vida", representado por columnas de palmetas flanqueadas por gallinas, tanto en el campo como dentro de los medallones. En la alfombra 21, solo el "árbol de la vida" de la izquierda conserva su continuidad; los medallones muestran un cuidadoso y variado armado simétrico del colorido de las gallinas. Un cuadrado a franjas rojas y azules, poco común, aparece en el ángulo superior derecho. La alfombra 20, con un aire "más primitivo", se muestra más ordenada, y sus motivos más espaciados. Las gallinas son más grandes que lo habitual, les hacen compañía las aves "guardianas de la lluvia" con flores en sus lomos. La paleta es única entre los ejemplares que conozco y de un buen gusto notable; si bien agregan riqueza el verde claro, el berenjena y el amarillo dorado, son tres tonos los que dominan: un brillante rojo coral, un luminoso azul claro y el azul noche profundísimo, casi negro, contrastando sobre el fondo marfil. Se agregan sutiles tonos de celeste y rojo más claros. Podemos apreciar toda su magnificencia en los sectores mejor conservados de las guardas, e imaginarnos la maravilla de esta alfombra en su estado original.

22. QASHQA'I
1.90 x 1.50 m
First quarter 20th century | Primer cuarto del siglo XX

23. KHAMSEH
2.40 x 1.50 m
Second quarter 20th century | Segundo cuarto del siglo XX

24. KHAMSEH
2.20 x 1.60 m
Late 19th century | Finales del siglo XIX

25. KHAMSEH
1.35 x 0.84 m
Second quarter 20th century | Segundo cuarto del siglo XX

26. KHAMSEH (?)
2.72 x 1.56 m
Second quarter 20th century | Segundo cuarto del siglo XX

The Qashqa'i rug in Plate 22 has an outstanding detail: the exquisite filigree in the ivory-coloured frame. It has delicately detailed motifs, different on each side, an example of the tribal weaver's imagination and creative freedom. Could this be the work of two weavers, each pursuing her own idea? Or perhaps one weaver decided to change the design on each side, while weaving them at the same time, so as not to bore herself? The Khamseh rug in Plate 24, unfortunately very damaged, has a primitive tribal character; it shows geometric chickens. The Khamseh rugs in Plates 23 and 25, both relatively recent, show how the designs have evolved while maintaining their tribal-art look. The same applies to the Khamseh rug in Plate 26, with its stylised designs of peacocks with large and ornamented tails that populate the blue field and the central white medallion. They are accompanied by fabulous animals, typical of tribal iconography. This piece is of coarser weave than most others published here.

En la alfombra 22 se destaca la exquisita filigrana en el marco marfil, que presenta motivos finamente detallados, diferentes en cada lado, una muestra más de la imaginación y libertad creativa de las tejedoras tribales. ¿Vemos aquí la obra de dos tejedoras, cada una de las cuales siguió su propia idea? ¿O quizás una sola tejedora decidió variar el diseño de cada lado, mientras los tejía al mismo tiempo, para no aburrirse? La Khamseh 24, lamentablemente muy dañada, de fuerte impronta primitiva, presenta gallinas notablemente geométricas. Las piezas 23 y 25, relativamente recientes, muestran la evolución de estos diseños, conservando su aire de arte tribal, al igual que la alfombra 26, con su diseño sintetizado de pavos reales de grandes y ornamentadas colas. Les hacen compañía animales fantásticos, propios de la iconografía tribal. En los triángulos laterales hay aves más pequeñas igualmente sintetizadas. El tejido de esta pieza es más rústico que el de la mayoría de las aquí publicadas.

27. KHAMSEH
1.82 x 1.43 m
First quarter 20th century | Primer cuarto del siglo XX

These two Khamseh rugs show the evolution, over two or three generations, of the same layout and the ornaments that compose it. Both are organised according to the importance of the totem pole or 'rain tree' flanked by chickens, 'guardian of the rain' birds, and the rest of the tribal repertoire. They both present the same design on one of the borders and, on both the fields are framed by multi-coloured chequered triangles. While in the rug illustrated in Plate 28 the prolongations of the medallions fit tightly against the outer frame, in the example in Plate 27 they fit less closely. The weaver even adopts the elegant solution of making the triangles on the horizontal sections smaller than on the vertical sides. The older rug in Plate 28, covered with dense ornamentation, shows more detailed motifs, a profusion of rosettes of different designs and a richer palette that achieves a sense of consistency and creates an almost dazzling atmosphere. This rug has a detail that shows the weaver's extreme care and attention: in the narrow inner reciprocal guard coloured in black and gold, each 'wave' contains a knot of contrasting colour.

28. KHAMSEH
2.30 x 1.35 m
Early 20th century | Inicios del siglo XX

Estos dos ejemplos nos muestran la evolución de una idea general de diseño y de los motivos que la integran en el curso de dos o más generaciones. Ambas están organizadas a partir del protagonismo del poste totémico o "árbol de la lluvia" flanqueado por gallinas, "aves guardianas" y el resto del repertorio tribal; ambas presentan igual diseño en una sola de sus guardas y sus campos están enmarcados por triángulos cuadriculados multicolores. Mientras que en la 28 éstos dan cabida ajustada a las prolongaciones de los medallones, en la 27 el resultado es menos denso, la tejedora inclusive usa el inteligente recurso de hacer los triángulos horizontales de los extremos de menor tamaño que los verticales. La alfombra 28, más antigua, se muestra cubierta por una densa ornamentación con mayor elaboración de los motivos, profusión de rosetas de muy variado diseño y más riqueza de colorido, lo que logra una visión de conjunto consistente, casi deslumbrante. En esta alfombra hay un detalle que denota una extrema dedicación de la tejedora: en la angosta guarda interior recíproca negra y dorada, cada "ola" contiene un nudo de color contrastante.

29. KHAMSEH
1.47 x 1.15 m
First quarter 20th century | Primer cuarto del siglo XX

30. KHAMSEH
1.40 x 0.85 m
Second quarter 20th century | Segundo cuarto del siglo XX

31. KHAMSEH
1.44 x 1.15 m
First quarter 20th century | Primer cuarto del siglo XX

32. KHAMSEH
2.00 x 1.32 m
First quarter 20th century | Primer cuarto del siglo XX

33. KHAMSEH
2.05 x 1.40 m
Early 20th century | Inicios del siglo XX

These five Khamseh pieces, from different periods, continue the age-old tradition of the 'rain tree' with its cortege of birds and fantastic animals. Their fields are all framed by a line of triangles, which in turn are formed by small multi-coloured squares woven with only four knots, except for Plate 33. Here, on the longer sides, the innermost frame triangles are transformed in half medallions containing the usual decorative repertoire, while on the short sides there are smaller stepped protrusions. The frame is limited by coloured outlines, as in the medallions, but without the finishing of 'animal heads'. When the weaver started her work, in the lower field she placed rosettes between the arrowheads of the frame. Close to the upper frame, where there is less room, there is only one rosette and some of the chickens are incomplete. The ivory colour of the medallions, contrasting with the dark field and the vibrant colours, adds a sumptuous effect.

Estas cinco piezas, procedentes de épocas diversas, continúan la tradición del antiquísimo "árbol de la lluvia" con su cortejo de gallinas, aves y animales fantásticos. Todos estos ejemplos tienen su campo enmarcado por una hilera de triángulos, los que, a su vez, están formados por pequeños cuadrados multicolores tejidos con solo cuatro nudos, excepto la alfombra 33. En ésta los triángulos laterales se transformaron en medios medallones con su repertorio de motivos, los que en los extremos horizontales del marco adquieren formas escalonadas. Este marco repite los contornos coloridos de los medallones. Cuando la tejedora inicia su trabajo, en la parte inferior, ubica cuidadosamente rosetas entre las puntas de flecha del marco, pero cuando llega arriba, con espacio escaso, solo hay una roseta y algunas gallinas quedan incompletas. El marfil de los medallones, que contrasta con el campo oscuro y los brillantes colores, aporta una sensación de suntuosidad a esta pieza.

34. QASHQA'I – SHEKARLU (?)

2.35 x 1.32 m

Last quarter 19th century | Último cuarto del siglo XIX

Many features here are characteristic of the Qashqa'i Shekarlu sub-tribe: the powerful ivory primary border, with octagons and a profusion of 'animal heads'; the smaller guards with hexagons that contain the design of the letter 'S'; and the frame of the field formed by designs that finish in double 'animal heads'. These rugs contain numerous motifs taken from the Lurs tribes of Fars Province, with whom they mixed. Different sized and coloured medallions frequently appear on Qashqa'i rugs. Ten complex palmettes, called *nilufar* (lotus flower), are placed in the centre of the red medallions and on the sides of the field, their petals finished with elaborate diamond-shaped geometric *boteh*. The birds are very realistic and some hardly appear, picked out only by a dark outline. This rug, with its studied palette, transmits sensations of sumptuousness and harmony along with the direct allure of a genuine tribal creation.

La potente guarda de fondo marfil con octógonos y profusión de "cabezas de animales"; las guardas menores con hexágonos que contienen el diseño de una letra "S", así como el marco del campo formado por diseños terminados en una doble "cabeza de animal", todo el sistema de guardas es característico de la subtribu Shekarlu, cuyas alfombras exhiben numerosos motivos tomados de las tribus Lurs de la provincia de Fars, con las que se integraron. Los medallones de diferente tamaño y color son frecuentes en las alfombras Qashqa'i. Diez complejas formas de palmetas, llamadas "*nilufar*" (flor de loto), se sitúan en el centro de los medallones rojos y en los laterales del campo; los extremos de sus pétalos están terminados en elaborados *boteh* geométricos en forma de rombos. Las aves son muy realistas y algunas de ellas solamente se insinúan por la línea oscura de su contorno. Esta alfombra, con su cuidada paleta, trasmite sensaciones de suntuosidad y armonía junto con el atractivo directo de una genuina creación tribal.

A Khamseh rug replete with nomadic creative improvisation and charm. In spite of the rich palette, all hues are subdued, with no stridency. The complex geometric system in the medallions evolves from motifs of bunches of flowers facing in all directions, together with pomegranates – all present in early rugs,[21] but here showing strong abstract stylisation. The flowers and leaves are triangles, rectangles, diamonds and palmettes transformed by a severe geometry. An array of fascinating fauna inhabits the rug: chickens and rectangular-shaped animals, with extremely long necks; others have lines on their backs, sprouting palmettes; the traditional 'guardian of the rain' animals or birds are unusually heavy. From below, we find two animals that are just a square with three feet and a long neck. Going up on the left side, there is a green rectangle with five feet and, further up, five concentric polychrome rectangles that embody a most extraordinary creature with tail, neck and horns drawn by simple lines. What a marvel of imagination! What an exhibition of self-confidence in displaying creative freedom!

Una pieza plena de inventivo encanto "tribal". A pesar de la variedad cromática, todos los tonos son sutiles, sin estridencias. El complejo sistema geométrico dentro de los medallones es una derivación del motivo de un ramo de flores orientadas en todas las direcciones y de frutos de granada, presente en ejemplares antiguos,[21] pero aquí con altísimo grado de abstracción; las flores y hojas son triángulos, rectángulos, rombos y palmetas transformadas por una severa geometría. La fauna que puebla esta alfombra es fascinante: gallinas y animales de forma rectangular con larguísimos cuellos; otros presentan líneas sobre sus lomos, de los que surgen palmetas. Comenzando de abajo, dos animales son solamente un cuadrado con tres patas y largo cuello; subiendo en el lado izquierdo, un rectángulo verde claro con cinco patas y, un poco más arriba, una serie de cinco rectángulos multicolores concéntricos encarnan a la más imaginativa de las criaturas, con cola, cuello y cuernos representados por simples líneas. ¡Qué maravilla de inventiva! ¡Qué desparpajo en el ejercicio de la libertad creativa!

35. KHAMSEH
2.27 x 1.37 m
Late 19th century | Finales del siglo XIX

36. KHAMSEH
2.08 x 1.40 m
Late 19th century | Finales del siglo XIX

The Khamseh rug in Plate 36 has a feeling of primitive ingenuity, showing large chickens with extremely long legs; strangely enough, two of them are upside down. They are accompanied by horizontal *boteh* that suggest birds with their necks turned towards their backs. The perfect balance of the palette is perceived in the stepped outlines of the medallions and the half medallions that surround the field, which the weaver's *horror vacui* transforms into a true woven garden with plenty of flowers. Something immediately attracts one's attention in the Khamseh rug shown in Plate 37; it concerns the elaborate frame that surrounds the field. When the weaver reached the upper part, she started to close the field with a stepped motif that does not end in arrowheads as seen on the other sides. Then she seems to have regretted it, abandoned this design, and wove another guard following the original idea. Surprisingly, she does not undo anything. This is one of the tribal weaver's characteristics, probably motivated by wanting to save precious materials. The main border shows *boteh* in the same vertical direction on all four sides; on the longer sections the weaver begins with single *boteh*, and after a while changes to paired ones. The horizontal extensions of the medallions end in appealing diamonds formed by ten polychromatic lines.

37. KHAMSEH
2.30 x 1.35 m
Early 20th century | Inicios del siglo XX

La alfombra 36, con aire más primitivo, exhibe grandes gallinas con patas extremadamente largas. Solo dos de ellas están con las patas hacia arriba. Las acompañan *boteh* horizontales que sugieren aves con el cuello vuelto hacia el lomo. La paleta es muy armónica y se luce en particular en las guardas escalonadas que rodean los medallones y los medios medallones laterales que delimitan el campo, al que el *horror vacui* de la tejedora transforma en un jardín poblado por un sinfín de flores. En la alfombra 37, llama la atención que, en el elaborado marco que rodea al campo, al llegar a la parte superior la tejedora comienza con un motivo escalonado recto, sin las terminaciones en punta presentes en los otros lados; luego se arrepiente, abandona este diseño y teje por completo otra guarda, siguiendo la idea original. Asombrosamente, no deshace nada. Ésta es una característica de las tejedoras tribales, seguramente motivada por un extremo ahorro de los tan preciados materiales. Es interesante la guarda central de *boteh*, que son verticales en todos los lados, la cual varía a poco de empezar en sus tramos largos. Son muy logradas las prolongaciones horizontales de los medallones, que culminan en atractivos rombos formados por diez líneas policromas.

38. KHAMSEH

2.10 x 1.38 m

Last quarter 19th century | Último cuarto del siglo XIX

This rug is woven with notably finer knotting than is usual in Khamseh rugs. This allows the weaver to make the chickens and other designs smaller, and to increase their number to more than 600 birds and mythical animals. This is probably a record for density per surface area! In the lower and upper medallions, two large peacocks are drawn as with a mirror, with their tails making a diamond shape, a remarkable achievement of graphic design. In the central medallion, four peacocks form the frame of an octagonal emblem. On the tail of the upper peacock we see two minute red animals. The available spaces are filled with small birds of stylised design. The triangular shapes of the lateral 'half medallions' are filled with chickens of different colours diagonally arranged, enhancing the effect of the frame. The very attractive bicoloured zigzag borders, an ancient symbol of waves (the Egyptian hieroglyph for 'water' is exactly like this), frame a noteworthy piece of art, carefully designed and woven, with unique characteristics.

Esta pieza presenta un anudado notablemente más fino que el habitual en las alfombras Khamseh; esto permite a la tejedora que las gallinas y demás diseños sean pequeños y multipliquen su número hasta contar más de 600 aves y animales-aves míticos. ¡Probablemente un récord de densidad por superficie! En los medallones inferior y superior, dos grandes pavos reales se disponen unidos en espejo, con ambas colas configurando un rombo, un interesante logro de diseño gráfico. En el medallón central, cuatro pavos reales sirven de marco a un emblema octogonal; sobre la cola del pavo real superior vemos dos diminutos animales rojos. Los espacios disponibles se llenan con aves pequeñas de diseño estilizado. La forma triangular de los "medios medallones" laterales se resalta con la elección de los colores de las gallinas, que forman diagonales de igual color que refuerzan el efecto de marco. Las muy atractivas guardas bicolores en zigzag, un antiguo símbolo de líneas de agua (el jeroglífico egipcio para "agua" es exactamente igual), enmarcan una obra de arte cuidadosamente diseñada y tejida, con características únicas.

39. QASHQA'I
2.78 x 1.78 m
First quarter 20th century | Primer cuarto del siglo XX

40. QASHQA'I
1.76 x 1.30 m
Early 20th century | Inicios del siglo XX

The field of the Qashqa'i rug pictured in Plate 39 is filled with reciprocal 'standing' boteh forms placed on either side of a bush; but the interior design of these boteh allows us to see them as a pair of long-necked birds facing each other, even with implied feet. In the centre of the field we find two very large peacocks. The example in Plate 40, also Qashqa'i, shows, along with some equally prominent birds in the four corners, birds that are shaped by three stepped triangles. Similar birds are found in the field and the medallions of the imposing example shown in Plate 41. Its colour harmony is enhanced by the ivory-toned main border, which is placed strategically between the outer diagonal polychrome guard stripe and the large and beautiful multi-coloured triangles that frame the field. The 'solar chariot' rosettes, which are usually independent focal points, here act as flowers of large shrubs with serrated branches and triangular leaves. This Qashqa'i piece simultaneously conveys sumptuousness and warmth because of the richness of the glow of its wool and the depth and coherence of its palette.

El campo de la alfombra 39 está habitado por pares de *boteh* "parados" ubicados a ambos lados de un arbusto, pero el diseño interior de estos *boteh* hace que los podamos ver como una pareja enfrentada de aves de largos cuellos, que hasta cuentan con patas insinuadas. Hacia el centro del campo hay dos pavos reales monumentales. La alfombra 40, junto a algunas aves igualmente destacadas en los cuatro ángulos, nos muestra otras, formadas básicamente por tres triángulos escalonados. Ejemplares similares se encuentran en el campo y los medallones de la imponente alfombra 41. La armonía de su colorido se realza por la guarda color marfil ubicada estratégicamente entre la guarda exterior de diagonales policromas y los grandes y bellos triángulos multicolores que enmarcan el campo. Los rosetones "de carruaje solar", que habitualmente son foco de atención independiente, aquí toman función de flores de los grandes arbustos con ramas dentadas y hojas triangulares. Esta pieza trasmite al mismo tiempo suntuosidad y calidez, por la riqueza del brillo de su lana y su paleta profunda y coherente.

41. QASHQA'I
3.15 x 1.98 m
Early 20th century | Inicios del siglo XX

42. KHAMSEH – ARAB (?)
2.85 x 1.50 m
Third quarter 19th century | Tercer cuarto del siglo XIX

An exceptional rug of true elegance. It has a system of seven narrow, very simple, 'primitive' borders with only two repeated design variations in changing colours. The midnight-blue field is full of larger than usual 'classic' Khamseh chickens. The medallions show stylised birds with an unexpectedly dynamic rendering of flight. Two more are hidden in the field either side of the lower section, disguised by their red colour. Minuscule botehs fill the medallions and corners, suggesting stars in the midnight-blue sky of the field. The horizontal and vertical multi-coloured chevron guards across the lower and upper medallions repeat along the sides of the ivory frame. The pale greens and blues suggest this is an ancient rug. The wool is velvety, the deep dyes are of excellent quality, and it has very floppy hand. A remarkable combination of materials, conception and execution produced this masterwork, which remains free of urban influences.

Excepcional pieza de gran elegancia. Presenta un sistema de siete guardas angostas muy simple y "primitivo", con solo dos variaciones de diseño que se repiten cambiando sus colores. El campo azul noche está poblado de gallinas con el diseño "Khamseh clásico", pero de tamaño mayor que el habitual. Los medallones presentan aves de gran síntesis, en actitud dinámica de vuelo. Los *boteh* diminutos que pueblan ángulos y medallones, en el campo, sugieren estrellas en un cielo nocturno; los medallones inferior y superior están atravesados por exquisitas guardas horizontales y verticales formadas por "V" multicolores, que se reiteran en los bordes marfil laterales. Los verdes y azules muy claros sugieren una pieza notablemente antigua. La lana es aterciopelada, los profundos tintes son excelentes, la mano es muy flexible. Todo indica una destacable conjunción de excelentes materiales, concepción y ejecución, que produjo una obra maestra "no contaminada" por influencias urbanas.

43. KHAMSEH – BAHARLU / AINALU
4.00 x 1.77 m
Last quarter 19th century | Último cuarto del siglo XIX

This is a spectacular Khamseh, both because of its size and the clear and vigorous graphics. The narrow borders identify it as having being made by weavers of the Baharlu or Ainalu tribes. On the magnificent ivory field, horizontal lines of chickens march – their bodies always madder red in colour, but with colour variations on their wings – together with polychrome quadrupeds. These animals form an endless pattern where we find paired chickens and animals facing each other on either side of a palmette. This all-over design frames large medallions, outlined with multi-coloured stepped borders that contain variations of *boteh* motifs and of the 'Sasanian cruciform emblem'. Parham identifies these with the Lurs tribes from the Fars province.[22] The same author also attributes to these tribes the motif to be found towards the centre of the rug, where the all-over pattern is interrupted by two large shrubs with serrated branches, providing an interesting variation. Both elements suggest the piece contains influences of different origins. Chicken and quadruped appear as prominent individuals in the centre of the lower medallion; this is the only example of a chicken in a bright blue colour, but the tendency of the weaver to fill in every available space made her add an 'S' shape between each subject, causing their forms to lose definition.

Una Khamseh monumental, tanto por sus dimensiones como por la claridad y potencia de su diseño. Los angostos bordes la identifican como producto de las tejedoras de las tribus Baharlu o Ainalu. Sobre su magnífico campo marfil se suceden filas horizontales de gallinas, siempre de color rojo *madder*, con variaciones cromáticas en sus alas, y filas de mamíferos, que sí van variando el color de sus cuerpos. Estas criaturas forman una trama infinita en la cual podemos distinguir conjuntos de pares de gallinas y pares de otros animales enfrentados a ambos lados de una palmeta. Esta trama enmarca los grandes medallones con bordes policromos escalonados, los que en su interior ofrecen variaciones de motivos *boteh* y del "emblema cruciforme sasánida", que Parham identifica con las tribus Lori de la provincia de Fars.[22] El mismo autor atribuye a estas tribus el motivo que se observa hacia la sección central de la alfombra; allí la trama se interrumpe para dejar lugar a un par de arbustos aserrados que aportan una variación interesante. Ambos elementos agregan indicios de influencias de diversos orígenes en esta pieza. Nuestros protagonistas, gallina y cuadrúpedo, aparecen como individuos destacados en el centro del medallón inferior; éste es el único ejemplar de gallina en luminoso color azul. Pero la tendencia a llenar cada espacio disponible juega una mala pasada a la tejedora, que agrega una "S" entre ambos sujetos, causando que sus formas pierdan nitidez.

44. KHAMSEH – ARAB
1.90 x 1.46 m
First quarter 20th century | Primer cuarto del siglo XX

The rugs on this and the following pages show a variation of the classic design, with more than one column of medallions. In some of these examples, for instance the Arab-Khamseh rug in Plate 44, the blue background can be interpreted as a central column of medallions and side columns of half medallions. This feature is also present in examples illustrated in Plates 46, 47 and 50. The primary border, called 'stairway', was a favourite of the Arab nomad tribes.[23] Both examples on these pages have palettes where neutral shades predominate.

En las alfombras de esta página y las siguientes, encontramos una variante del diseño clásico, caracterizada por presentar más de una columna de medallones. En algunos de estos ejemplos, como en el 44, podemos observar un juego de fondo-figura, en el cual el color azul también puede leerse como una columna central de medallones y laterales de medios medallones. Esta característica podemos encontrarla también, en las siguientes páginas, en las alfombras 46, 47 y 50. La guarda principal, llamada "de escalera", es un diseño favorito de las tribus nómades Arab.[23] Los ejemplares en estas dos páginas tienen una paleta contenida en la que predominan los tonos neutros.

45. KHAMSEH – ARAB
2.37 x 1.61 m
First quarter 20th century | Primer cuarto del siglo XX

46. KHAMSEH
1.83 x 1.41 m
First quarter 20th century | Primer cuarto del siglo XX

The Khamesh rug pictured in Plate 46 shows two columns of ivory medallions, bordered by the customary multi-coloured stepped lines. The medallions diminish in size from the bottom of the rug upwards as the work progresses; this shows that the weaver made an error in her calculation or, more probably, an unexpected occurrence forced a reduction in the length of the rug. This rug is vividly coloured; in contrast, the Arab example in Plate 47 has unconventional neutral tones. On both rugs, the fields decorated with elaborate 'trees of life' emphasise the 'reciprocity background-figure', since the graphics are the same both in the medallions and the field.

47. KHAMSEH – ARAB
2.12 x 1.78 m
First quarter 20th century | Primer cuarto del siglo XX

La alfombra 46 presenta dos columnas de medallones marfil bordeados por las típicas líneas multicolores escalonadas. La disminución de la altura de los medallones desde la parte inferior, donde se inicia el trabajo, hacia arriba, en la medida en que éste progresa, evidencia un error de cálculo de la tejedora o, más probablemente, un acontecimiento imprevisto que obligó a acortar el largo de la alfombra. Este ejemplar muestra una notable riqueza de colorido. Por contraste, el ejemplo 47 está resuelto en inusuales tonos neutros. En ambas piezas los fondos acentúan la "reciprocidad fondo-figura", ya que las aves y otros motivos se alinean a los lados de los muy elaborados "árboles de la vida", tanto en el campo como en los medallones.

48. KHAMSEH – ARAB
2.32 x 1.74 m
Late 19th century | Finales del siglo XIX

The Arab-Khamseh rug illustrated in Plate 48 belongs to a family of rugs that have been published in various books.[24] The medallions in the three columns are embedded in alternating position, leaving narrow interstices between each one that hardly allow the midnight-blue field to appear. The medallions' borders alternate sequences of 'flaming' small triangles in the vertical sections and stepped lines that end in multiple, minute diamond-shaped *boteh* in their upper diagonal sections. The luxuriant colour scheme is well balanced. By contrast, the Arab rug in Plate 49 shows a palette only lightly saturated. This piece is related to the rug in Plate 45, where chickens are the only animals present. Here they share the field with 'guardian of the rain' birds of different sizes and renderings.

49. KHAMSEH – ARAB

2.60 x 1.60 m

First quarter 20th century | Primer cuarto del siglo XX

El ejemplar 48 pertenece a una familia de alfombras que han sido publicadas en varios libros.[24] Los medallones de las tres columnas se encastran alternando su ubicación en altura, dejando apenas visible el campo azul noche. Los bordes de los medallones alternan una secuencia de pequeños triángulos "llameantes", en sus tramos verticales, con líneas escalonadas terminadas en múltiples *boteh* diminutos en forma de rombos, en sus tramos diagonales superiores. El opulento colorido está perfectamente equilibrado. Por contraste, la alfombra 49 muestra una paleta de tonos poco saturados, en una pieza emparentada con el ejemplo 45, si bien, a diferencia de este último, poblado exclusivamente por gallinas, aquí éstas comparten el campo con "aves guardianas de la lluvia", de distintos tamaños y diseños.

50. QASHQA'I
2.40 x 1.67 m
First half 20th century | Primera mitad del siglo XX

In the Qashqa'i rug in Plate 50, the central column of bicoloured red and ivory medallions is framed by two columns of blue medallions. In the intermediate spaces, peacocks of two different designs display their elaborate tails. The main border of the so-called 'meteoroid' motif, with an ivory background, frames a piece with a particularly balanced design. The Khamseh rug pictured in Plate 51 is conspicuously atypical: a central column of ivory medallions shows the characteristic 'rain tree' with its cortege of birds and animals, and is flanked by small red medallions filled with tiny botehs, floating in a midnight-blue field. In the upper section, where the weaver found herself short of space, the medallions are compressed. The frame with the striped 'cane' design emphasises the sense of depth. This rug shows a juxtaposition of different elements, a kind of 'mannerist' sophisticated evolution, moving away from its plainer origins.

En la pieza 50, la columna central de medallones en rojo y marfil está enmarcada por dos columnas de medallones azules; en los espacios intermedios, pavos de dos diseños diferentes despliegan sus elaboradas colas. La guarda principal, de motivo llamado "de meteoroide", con fondo marfil, da marco a una pieza de diseño equilibrado. El ejemplo 51 es realmente atípico: una columna central de medallones blancos con el motivo característico del "árbol de la lluvia", con su cortejo de aves y animales, está flanqueada por pequeños medallones rojos, llenos de *boteh* diminutos flotando en el campo azul noche. Los medallones se comprimen en la parte superior, donde la tejedora se encontró sin espacio suficiente. El marco del diseño lineal llamado "de cañas" acentúa la sensación de profundidad. Esta alfombra muestra la yuxtaposición de diferentes motivos, en una sofisticada evolución "manierista", alejándose de sus orígenes, de concepción más simple.

51. KHAMSEH
2.90 x 1.60 m
Late 19th century | Finales del siglo XIX

ALL-OVER BIRDS DESIGN

This family of rugs shows birds exceeding the limits of the medallions or the field, to reign over all the available space. In some examples, the field is shared with other designs, and in others it is taken up only by birds – but always forming an endless all-over design, a 'bird's paradise'. In a way, this prominent role refers to the importance that birds had in the beliefs and myths of past ages. However, their presence in relatively recent creations does not necessarily mean a continuation of those beliefs, but shows the powerful influence of the original representations, which persisted, with adaptations, throughout millennia.

DISEÑO DE TRAMA DE AVES

En esta familia de alfombras, las aves abandonan el límite de los medallones o el campo, para reinar sobre todo el espacio disponible. En algunos ejemplares, este espacio es compartido con distintos motivos, y, en otros, es exclusivo de las típicas gallinas, pero siempre formando una trama infinita, un "paraíso de aves". De alguna manera este protagonismo prominente nos refiere a la importancia que estos animales tuvieron en las creencias y mitos de la antigüedad; sin embargo, su presencia en estas creaciones relativamente recientes no nos habla necesariamente de la continuidad de dichas creencias, sino de la poderosa influencia de las representaciones que ellas originaron y que persistieron, con adaptaciones, a lo largo de milenios.

52. KHAMSEH
1.91 x 1.46 m
Late 19th century | Finales del siglo XIX

The Khamseh rug pictured in Plate 52 has a relatively chaotic field; we find the archetypical chickens together with 'guardian of the rain' birds. The large 'totemic poles' do not succeed in organising the creatures in the field. Some of the figures' ivory-coloured borders provide contrast given the array of colours with predominating deep tones. In the Khamseh rug shown in Plate 53, three 'totemic poles' take up the total length of the field and organise it, flanked with tightly displayed confronting paired 'guardian of the rain' birds, with their flowers blooming, and paired chickens, some of them with very elongated necks, such as the two adjacent to the upper border. This rug of intense and harmonious colouring belonged to the Kossow Collection.

53. KHAMSEH
2.46 x 1.31 m
Late 19th century | Finales del siglo XIX

En la alfombra 52, en un campo relativamente caótico, las típicas gallinas se mezclan con "aves guardianas de la lluvia". Grandes "postes totémicos" no alcanzan a ordenar el conjunto. Los bordes color marfil de algunas figuras aportan interés en un conjunto de profundos tonos dominantes. En la pieza 53, los tres "postes totémicos" recorren el largo total del campo y lo ordenan; a sus lados se aprietan pares de "aves guardianas de la lluvia", con flores brotando de sus lomos, y pares de gallinas, algunas de ellas de larguísimo cuello –por ejemplo, las dos cercanas al borde superior–. Esta alfombra de intenso y armónico colorido perteneció a la Colección Kossow.

54. KHAMSEH
2.45 x 1.34 m
Last quarter 19th century | Último cuarto del siglo XIX

In this extraordinary rug, the field design organisation is based on six vertical 'trees of life'. To the typical repertoire of palmettes, rosettes, pairs of chickens and animals, here are added eight-pointed medallions exquisitely designed and with fanciful chromatic variations. They consist of two squares, one rotated as compared to the other; within these, the corners have small square motifs, following the same direction as the larger squares, reinforcing the design's strength. Next to them, the 'tree of life' motifs are interlocked, allowing them to occupy more densely the space in the field. Halfway through her work, the weaver has incorporated, on the left-hand side, another 'tree'. The pairs of chickens face towards the axis of the 'trees', while the pairs of beautifully striped four-legged animals with long necks look outwards. The main border stands out with its brilliant golden yellow and colourful reciprocal design of highly stylised birds.

En esta extraordinaria pieza, el diseño del campo se ordena sobre la base de seis "árboles de la vida" verticales. Al repertorio típico de palmetas, rosetones, parejas de gallinas y de animales, se agregan medallones de ocho puntas, con exquisito diseño e imaginativa variación cromática, que consisten en dos cuadrados rotados uno respecto del otro; dentro de éstos, los ángulos se ocupan con pequeños motivos cuadrados que siguen las direcciones de los cuadrados principales, reforzando la potencia del diseño. Los motivos de los "árboles" vecinos se desfasan en vertical, entrelazándose y posibilitando ocupar con mayor densidad el espacio del campo. Al llegar a la mitad de su trabajo, la tejedora incorpora sobre el lado izquierdo un nuevo "árbol". Las parejas de gallinas se orientan hacia el eje de los "árboles", mientras que las parejas de animales de largos cuellos, bellamente decorados con franjas, miran hacia el exterior. Se destaca la guarda central de brillante amarillo dorado, con diseño recíproco de aves coloridas de gran síntesis.

55. KHAMSEH
1.91 x 1.46 m
Late 19th century | Finales del siglo XIX

These two Khamseh rugs are of a type characterised by the chickens sharing the scene with a motif from the plant kingdom, forming an endless repeat. The rug in Plate 55 exhibits a more 'naïve nomadic' character. On a splendid ivory field, the plant motif is the shrub called 'eagle's claws' because its side branches finish in three points; it is characteristic of the Baharlu and Ainalu tribes. The guard system and the palette are exquisite, as is the beautiful interior frame with ivory- and saffron-coloured *boteh*. In contrast, the blue-ground rug in Plate 56 explodes joyfully in a dazzling array of colours. Chickens and palmettes of the same colour form diagonal lines. Given that the weaver had to advance her work through horizontal lines of knots, this ordering in diagonal lines must have required incredible concentration to obtain such a coherent result. A similar piece from a previous generation appears in James Opie's book *Tribal Rugs*.[25]

Estos dos ejemplos pertenecen a una tipología caracterizada por que las gallinas comparten la escena con un motivo del reino vegetal, formando un diseño infinito. La alfombra 55 muestra un carácter pleno de "ingenuidad nómade". Sobre un espléndido campo marfil, el motivo vegetal es el arbusto llamado "garras de águila", por sus ramas laterales terminadas en tres puntas, típico de las tribus Baharlu y Ainalu. El sistema de guardas y la paleta son exquisitos, así como el hermoso marco interior con *boteh* marfil y azafrán. La alfombra 56, en contraste, estalla con la alegría de su deslumbrante colorido. Las aves y las palmetas de igual color forman líneas diagonales. Si consideramos que la tejedora va elaborando líneas horizontales de nudos, este ordenamiento diagonal debe de haberle requerido un notable esfuerzo de concentración para lograr un resultado de tan plena coherencia. Un ejemplo muy similar figura en el libro *Tribal Rugs*, de James Opie.[25]

56. KHAMSEH
2.40 x 1.26 m
Late 19th century | Finales del siglo XIX

57. KHAMSEH – AINALU / BAHARLU
2.13 x 1.11 m
Last quarter 19th century | Último cuarto del siglo XIX

The Khamseh rug shown in Plate 58 is a distinctive example that formed part of the Kossow Collection. The design has a strong sense of consistency with vertical lines of 'rain trees' abounding with coloured branches, flowers and palmettes; they alternate with lines sporting confronting chickens and reclining 'guardian of the rain' birds with flowers emerging from their backs. These are typical of the Ainalu tribe, seen in this case in an extremely geometric abstract rendering. The order and density of this design leaves the weaver with little margin for improvisation. In the four upper lines, the chickens have two eyes. According to Opie, this is a primitive characteristic that was later abandoned; this feature contradicts the clear lateral profile with the two-eyed frontal look of the figures. The red frame with its filigree of midnight blue and white knots adds interest to a striking rug of intense and coherent colours. We find similar motifs in the rare example illustrated in Plate 57. Here the asymmetry is very evident: a column and a half of confronting paired chickens. The unusually enormous birds have their eyes misplaced in their necks, which gives them a bizarre appearance. The vivid colouring is extraordinary: notice, next to the lower pair of yellow chickens, the two beautiful diamonds formed by polychrome small squares.

58. KHAMSEH – AINALU / BAHARLU
2.31 x 1.37 m
Second half 19th century | Segunda mitad del siglo XIX

La alfombra 58 es una pieza destacada que integró la Colección Kossow. El diseño es sumamente ordenado, con líneas verticales de "árboles de la lluvia" con coloridas ramas, flores y palmetas alternando con líneas de pares de gallinas y "aves guardianas de la lluvia" reclinadas, de las que surge una flor, típicas de la tradición de la tribu Ainalu, aquí en una síntesis fuertemente geométrica. El orden y la densidad de este diseño dejan poco margen para la improvisación de la tejedora. En las cuatro filas superiores las gallinas pasan a tener dos ojos. Según Opie, se trata de una característica primitiva luego abandonada, que contradice el claro perfil lateral de la figura con la representación frontal de los dos ojos. El marco rojo, con su filigrana de nudos azul noche y blanco, agrega interés a una pieza de paleta intensa, coherente y de potente presencia. Iguales motivos encontramos en la rara alfombra 57; en ésta es muy notoria la asimetría, una columna y media de pares de gallinas enfrentadas. Son atípicas las enormes aves, a las que los ojos ubicados en el cuello dan un aspecto extraño. El intenso colorido es extraordinario; se pueden apreciar, a los lados del par de aves amarillas más bajo, los hermosos rombos formados por pequeños cuadrados multicolores.

59. KHAMSEH
1.82 x 1.39 m
Early 20th century | Inicios del siglo XX

60. KHAMSEH – BAHARLU
1.55 x 1.34 m
Late 19th century | Finales del siglo XIX

Here, and on the following pages, we find a rare family of Khamseh rugs called *tammam-morgh*, meaning 'all birds'. The entire field is covered with chickens, reaffirming the importance birds had in the traditional tribal culture as an ancestral symbol related to rain. The rug in Plate 61 shows birds lined up diagonally according to colour while, in the ones in Plates 59 and 60, order does not exist, and the birds are mixed randomly in a festive and colourful array expertly balanced by the tribal artists. In the example in Plate 59, where the weaver did not have space to add chickens along the right border of the field, she filled in with small rosettes and an attempt at calligraphy. It is a peculiarity that none of the borders are the same; the innermost one of reciprocal triangles stands out, framing this bold artistic achievement.

Nos encontramos aquí y en las seis páginas siguientes con una rara familia de alfombras denominadas "*tammam-morgh*", que significa "solo aves". Efectivamente, todo el campo se cubre exclusivamente con gallinas, reafirmando la importancia que se otorgó a las aves en la tradición cultural tribal como símbolo ancestral relacionado con la lluvia. La pieza 61 nos las muestra ordenadas en diagonales según el color, mientras que en las alfombras 59 y 60 tal orden no existe y las aves se entremezclan aleatoriamente en un festivo y colorido conjunto sabiamente equilibrado por las artistas tribales. En el ejemplo 59, en todo el borde derecho del campo, donde la tejedora no contó con espacio para agregar gallinas, rellenó con pequeñas rosetas y un intento de caligrafía. Constituye una rareza que ninguna guarda se repita. Se destaca la guarda interior de triángulos recíprocos, que enmarca a esta audaz expresión artística.

61. KHAMSEH – ARAB (?)
1.78 x 1.17 m
Late 19th century | Finales del siglo XIX

62. KHAMSEH
2.01 x 1.37 m
Late 19th century | Finales del siglo XIX

The weaver of the rug in Plate 62 almost makes the colour of the field disappear, covering it totally with chickens by cleverly alternating their heads and tails, whether we observe them along the same-coloured diagonal lines, or in horizontal lines, that give the composition both interest and energy. The example illustrated in Plate 63 has similar design elements and distinctive stylistic features. Here there is less variation in the colour of the birds. The diagonal lines of same-coloured chickens are more vertical as the birds are all facing the same direction. A unique border system frames the field.

Most extraordinary is the central border with delicate, complex and almost calligraphic motifs, ivory coloured on a midnight-blue background. To my knowledge there are no published analogies. The intermediate border close to the field is in blue and red, but these colours are inverted in the bottom horizontal section. A related design is found on a rug woven by the Shahsavan tribe.[26] The system is completed with an elegant outer border in diagonal stripes adorned with minute boteh. This is an intriguing rug with no immediate parallels, its origin remaining open to question.

63. KHAMSEH
1.82 x 1.39 m
Late 19th century | Finales del siglo XIX

La tejedora de la alfombra 62 casi hace desaparecer el color del campo, cubriéndolo apretadamente por gallinas mediante el ingenioso recurso de alternar la posición de cabeza y cola de las aves, ya sea que las miremos en las líneas horizontales o en las líneas diagonales del mismo color, que agregan interés y dinamismo a la composición. El ejemplar 63 cuenta con elementos de diseño similares y, a la vez, diferenciados del anterior. Aquí encontramos menor variación cromática en las gallinas. Las líneas diagonales de igual color son mucho más verticales, debido a que la tejedora orientó las aves en el mismo sentido. Un atípico sistema de guardas enmarca el campo. La extraordinaria guarda central, con elementos casi caligráficos de fina filigrana color marfil sobre fondo azul noche, no tiene similares publicados de mi conocimiento. La guarda intermedia cercana al campo en azul y rojo invierte sus colores en la sección horizontal inferior; un diseño análogo se observa en una pieza de la tribu Shahsavan.[26] Completa el sistema la elegante guarda externa de diagonales adornadas con minúsculos *boteh*. Ésta es una pieza única que plantea interrogantes sobre su origen.

64. KHAMSEH – ARAB
1.93 x 1.40 m
Late 19th century | Finales del siglo XIX

The Arab-Khamseh rug pictured in Plate 64 has an extraordinary atypical palette consisting of dark and neutral tones. The field, totally covered with chickens, is enclosed in a frame of multi-coloured triangular lines adorned with small crosses. The border system is remarkable, the three secondary stripes of exquisite design in red and green. This design is repeated in the outer guard, but in ivory and chestnut brown. These frame the two main borders: the bicoloured diagonal-striped one that symbolises water, and the *mahi-nimgol* guard with magnificent golden leaves. The system is completed with attractive lower and upper guards with stepped polychrome chevrons. The example in Plate 65 represents the type at its most quintessentially tribal, with an all-over pattern of birds: a bold design showing a pecking-fowl paradise. The palette is saturated and pure, with intense and brilliant blues. The stepped frame of the field and the borders are strictly geometrical, plain and fresh, of genuine tribal inspiration, with no 'urban' elements incorporated. The colour combination is outstanding, and the design and colour coherence flawless. Definitively an extraordinary masterpiece of lasting grandeur.

65. KHAMSEH – ARAB
1.90 x 1.22 m
Second half 19th century | Segunda mitad del siglo XIX

El ejemplo 64 ofrece una paleta absolutamente atípica, oscura y de tonos neutros. El campo, cubierto enteramente con gallinas, está rodeado por un marco formado por líneas multicolores, triangulares, con pequeñas cruces. El sistema de guardas es extraordinario: las menores, de exquisito diseño en rojo y verde, que se repite en la guarda externa en marfil y castaño, enmarcan a las dos mayores: la bicolor diagonal, símbolo de agua, y la *mahi-nimgol*, con hojas doradas de fuerte presencia. Completan los hermosos bordes inferior y superior, de triángulos escalonados policromos. La pieza 65 representa la quintaesencia más puramente "tribal" de la tipología de alfombras con trama de aves. Un audaz diseño que nos muestra un verdadero paraíso de gallinas picoteando. La paleta es saturada y pura; los azules, intensos y luminosos. El marco escalonado del campo y las guardas son estrictamente geométricos, simples y frescos, de genuina inspiración tribal, sin incorporación de elementos "urbanos". La combinación de colores es exquisita, la coherencia del diseño y del colorido es absoluta. Definitivamente, una pieza extraordinaria de duradero esplendor.

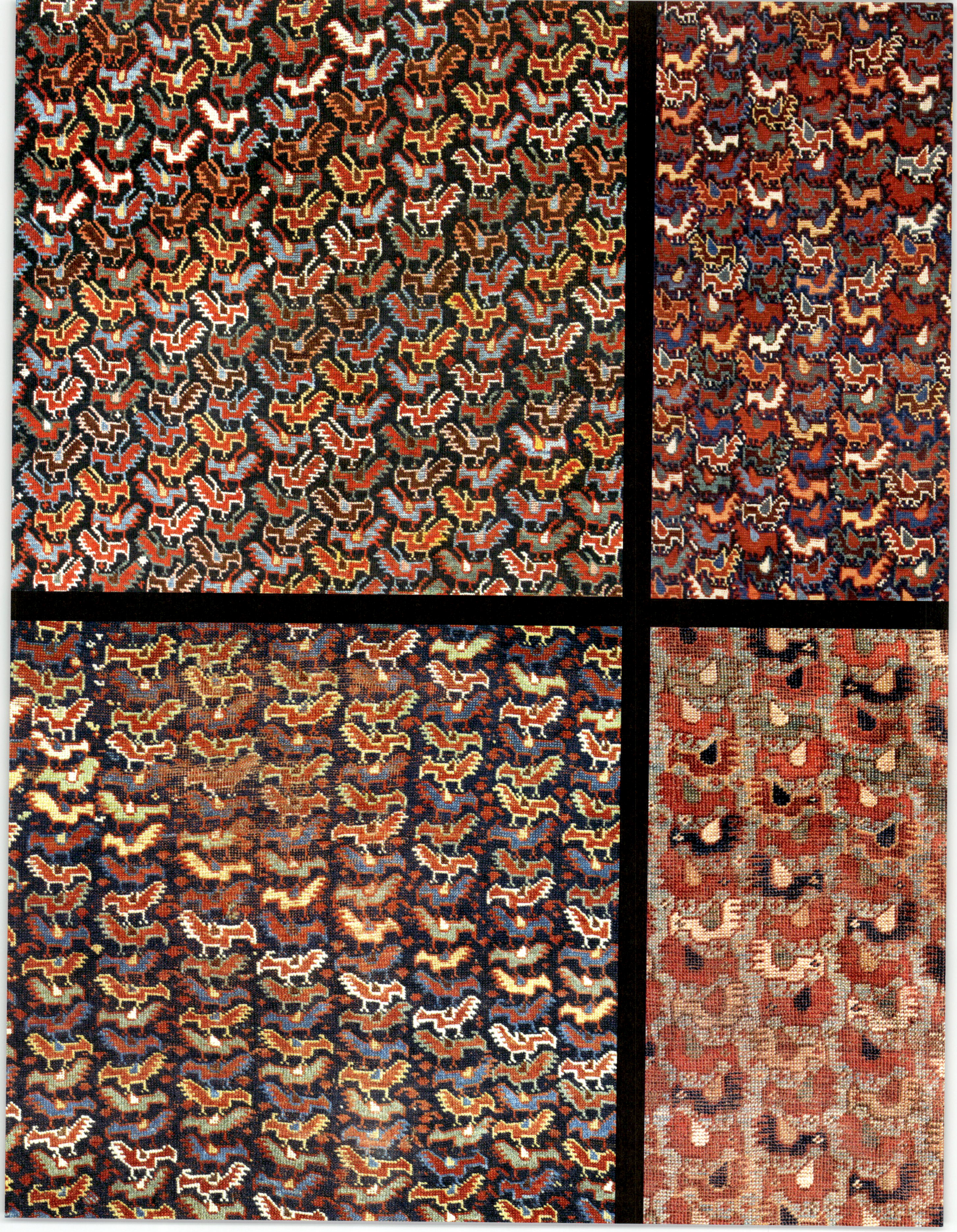

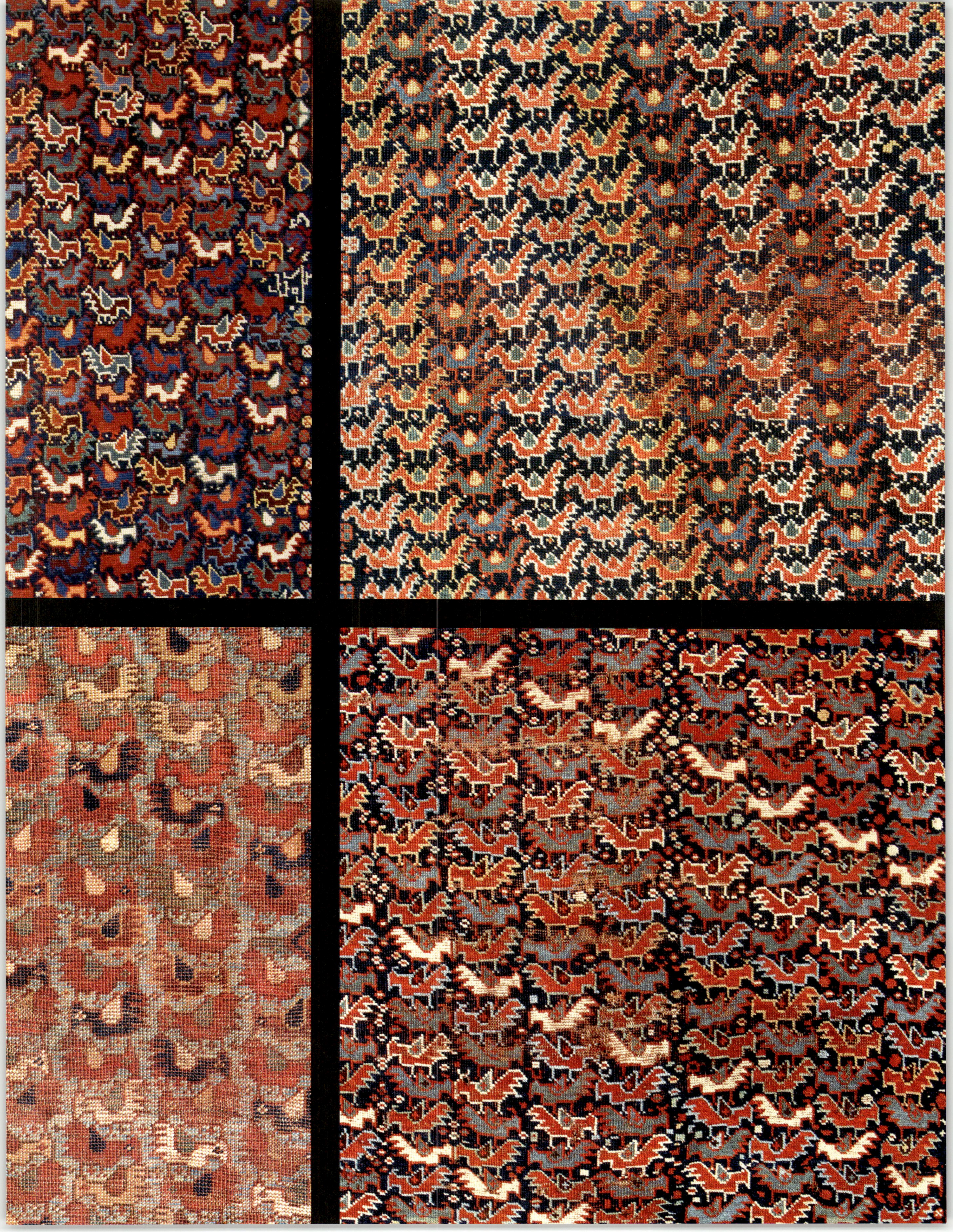

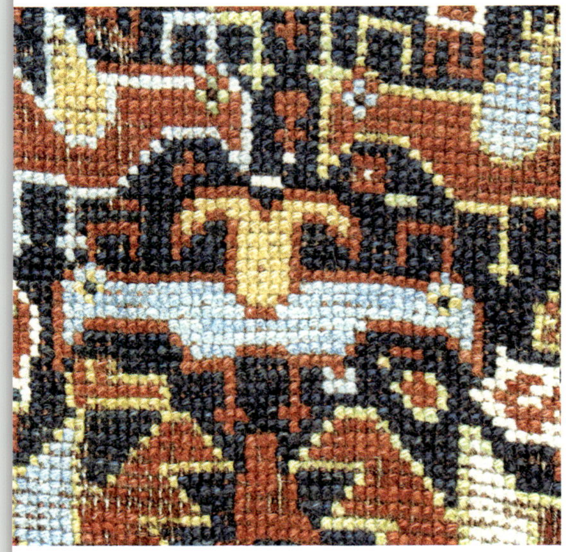

66. KHAMSEH (?)
1.90 x 1.38 m
First quarter 20th century | Primer cuarto del siglo XX

The rug in Plate 66 shows an all-over design, interpreted by some authors as a repeat of interlocking geometrical stylised birds; it appears in some pieces attributed to Arab tribes.[27] The graphic design of this piece gives a sense of amazing contemporary flair. The rare example shown in Plate 67, with chickens populating the whole field, has the unusual characteristic that all the birds' bodies are in monochrome dark red, with only three exceptions: close to the bottom, two odd light-blue-and-green two-headed birds appear; and in the upper part, a capriciously light-blue bird. Equally arbitrary are the birds with their legs upwards in the second line from the upper border, and a single bird in the same position on the right-hand side. In some cases, the chicken's wings have the shape of *boteh*; in others they are triangular, and some have extensions in the shape of 'tridents'. A piece that shows such a strict layout and palette surprises us with these unexpected improvisations introduced by the tribal weaver. The ivory frame of the field, outlined with polychromatic lines, is exquisite.

67. KHAMSEH – ARAB
1.93 x 1.37 m
Last quarter 19th century | Último cuarto del siglo XIX

La alfombra 66 muestra una trama interpretada por algunos expertos como la repetición entrelazada de aves estilizadas. Este motivo aparece en algunas piezas atribuidas a las tribus Arab.[27] El diseño gráfico de esta pieza trasmite una sensación de contemporaneidad. El ejemplar 67, con el diseño de gallinas que pueblan todo su campo, tiene la característica inusual del monocromo rojo profundo del cuerpo de todas las aves, con solo tres excepciones: en la anteúltima fila hacia abajo, donde dos extrañas aves con doble cabeza son celeste y verde, y, en el área superior, una es raramente celeste. Igualmente caprichosas son las aves con patas hacia arriba en la segunda fila desde el borde superior, y una única ave en igual posición sobre el lado derecho, a mitad de altura. Las alas de las gallinas en algunos casos tienen forma de *boteh*; en otros, son triangulares, y algunas tienen prolongaciones en forma de "tridente". En una pieza de tal rigor de paleta y de diseño, asombran las improvisaciones que se permite la tejedora tribal. El marco color marfil, contorneado por líneas multicolores, es exquisito.

68. KHAMSEH
1.18 x 0.71 m
Late 19th century | Finales del siglo XIX

The small Khamseh rug in Plate 68 shows an attractive ivory-coloured field on which the palmettes, chickens and animals shine in vibrant and saturated tones. The rug in Plate 69 is an extraordinary piece, probably unique because of its design concept and the rich variety of motifs it contains. Its ivory field is framed by midnight blue corner spandrels and triangles decorated with 'stars' and polychrome outlines. All over the field and the spandrels, there seem to float the same variety of motifs of exceptional imagination: the very elaborate multi-coloured *boteh* look like bushes, some appearing to be fragmented since their interstices are the same colour as the background – this occurs both in the ivory field and in the blue corners; red reclining *boteh*, almost a hybrid with birds, probably ducks; large chickens with elaborate eyes and with small *boteh* on their wings; diamond-shaped medallions with protruding bird's heads with eyes. Almost in the centre of the field there are two male figures, one naked, on a kind of platform held up by two tripods supported by rosettes (a chariot?), the other one with large hands, wearing trousers and standing on his head (an acrobat?). In the lower left angle of the field there is a bush with three branches that takes on an almost human aspect and receives us with outstretched arms.

69. KHAMSEH
1.89 x 1.03 m
Second half 19th century | Segunda mitad del siglo XIX

La pieza 68 es una Khamseh de pequeño formato, con la atractiva característica del campo color marfil sobre el que refulgen palmetas, gallinas y animales de tonos vibrantes y saturados. La alfombra 69 es un ejemplar extraordinario, quizás único, por su concepto de diseño y por la rica variedad de motivos que contiene. Su campo marfil está enmarcado por esquinas azul noche y triángulos adornados con "estrellas" y contornos polícromos. Flotan en toda la pieza, ya sea en el campo como en los ángulos, motivos de variedad e imaginación excepcionales: *boteh* multicolores muy elaborados que semejan arbustos, algunos de los cuales aparecen fragmentados al tener sus intersticios de igual color que el fondo en que se encuentran; *boteh* rojos reclinados, casi un híbrido con aves; medallones con forma de rombo y prolongaciones de cabezas de aves con ojos. Cerca del centro del campo hay dos personajes masculinos: uno de ellos desnudo, sobre una especie de plataforma sostenida por dos trípodes apoyados en rosetas (¿un carruaje?); el otro, con grandes manos, viste pantalones, con las piernas hacia arriba (¿acróbata?). En el ángulo inferior izquierdo del campo, un arbusto de tres ramas toma un aspecto casi humano y nos recibe con sus brazos abiertos.

70. KHAMSEH – BAHARLU / AINALU
2.47 x 1.62 m
Second half 19th century | Segunda mitad del siglo XIX

On a field of deep, dark blue covered with flowers and small animals, the typical 'Khamseh chickens' coexist along with two human figures, two half-human figures, and four powerful lions with their jaws open and curiously wearing collars. There are also bushes with three branches that allude to the sun's daily circuit: rising, setting and shining most brightly at its zenith, this represented by the central branch with a larger flower. The reclining chickens, characteristic of the Baharlu-Ainalu tribes, are shown here in their earlier and more detailed version, with their beaks open, their feet and claws under their bodies and their multi-coloured wings and collars. Flowers grow on their backs; this refers to 'guardian of the rain' birds that, via the water's beneficial effect, make the plants bloom. The careful design also includes the chickens, with their decorated crests and their eyes that are usually represented by a single knot; in this case the weaver surrounds them with knots in a second colour, so enhancing their realism. The beautiful guards, the saturated colours and the best glowing wool provide great elegance to an antique and majestic rug that honours traditional tribal iconography.

En un campo azul profundo, cubierto de flores y pequeños animales, coexisten las típicas "gallinas Khamseh", dos personajes, dos medios personajes, cuatro poderosos leones con sus fauces abiertas y que, curiosamente, tienen un collar, y arbustos de tres ramas que refieren al circuito diario del Sol que nace, se pone y resplandece con más fuerza en el cenit, representado por la rama central con su flor de mayor tamaño. Las aves reclinadas, idiosincráticas de las tribus Baharlu-Ainalu, están aquí en su versión más antigua y detallada; observemos sus picos abiertos, la pata y los dedos debajo del cuerpo, sus alas y collares multicolores. En sus lomos crecen flores; esto nos remite a que se trata de "aves protectoras de la lluvia" que, con su efecto benéfico, hacen que las plantas florezcan. El cuidadoso diseño se hace extensivo a las gallinas, con sus decoradas crestas y sus ojos, los que, habitualmente, son resueltos con un nudo único, mientras que aquí la tejedora lo rodea con nudos de un segundo color, acentuando su realismo. Las hermosas guardas, los colores saturados y la mejor lana resplandeciente otorgan suntuosidad a una antigua y majestuosa alfombra que honra la tradicional iconografía tribal.

Pages 118 and 119 overleaf: CHICKENS; pages 120, 121, 122 and 123: BIRDS
En páginas siguientes 118 y 119: GALLINAS; en páginas 120, 121, 122 y 123: AVES

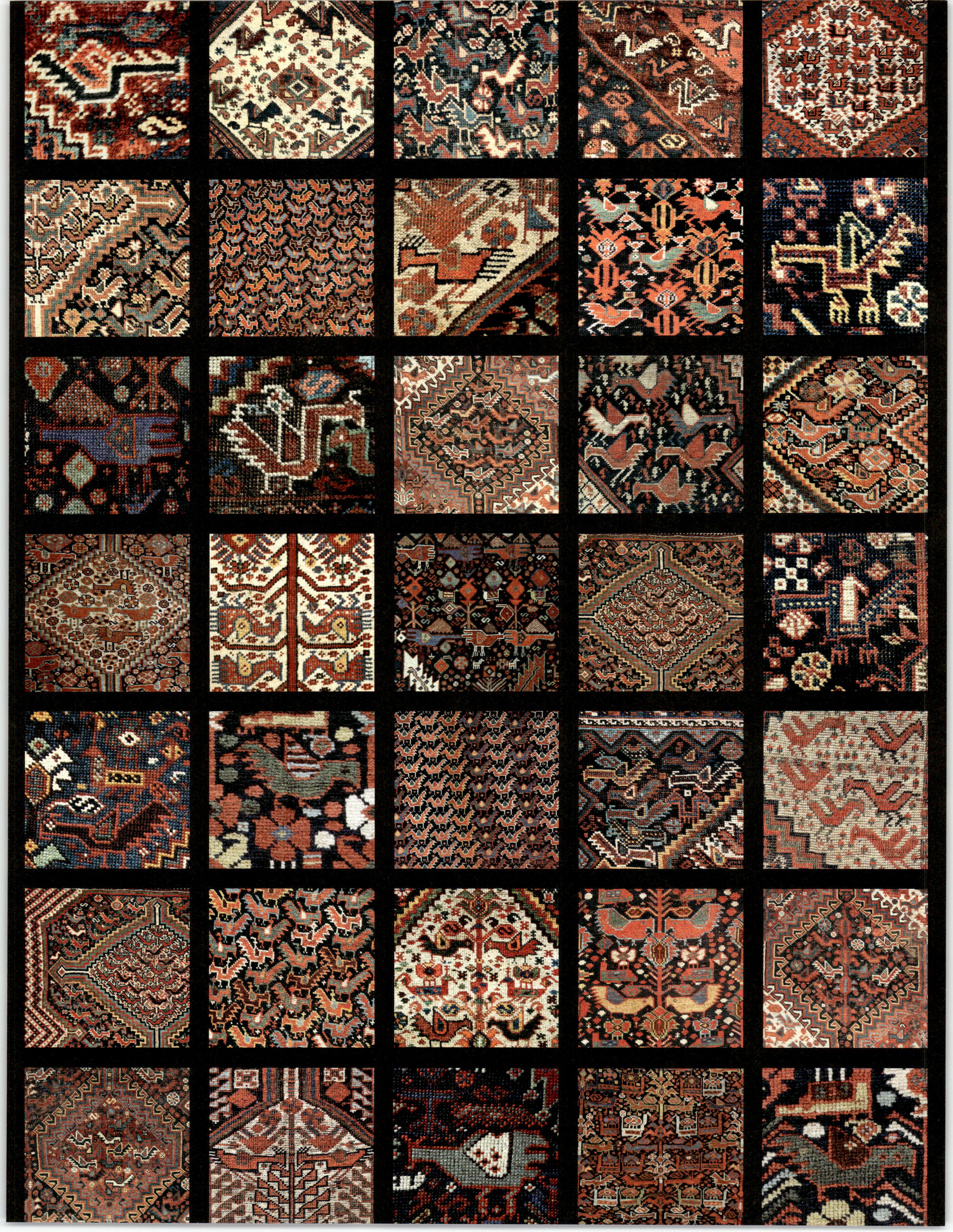

DIVERSE DESIGNS

The following pages show rugs that, though they maintain the repertoire of tribal motifs that appear on examples presented previously (such as medallions, birds, animals, etc.), incorporate some distinctiive features that strongly affect their design character. These include, for instance, pieces with a single medallion; rugs with 'garden' designs; or the powerful presence of the so-called 'cane pattern', formed by a succession of narrow bicoloured stripes that produce the sensation of different layers that add depth to the designs. There are also examples that show different stylisations of the so-called 'French medallion', a motif that is not only foreign but also of 'urban' character, adopted and transformed by creative tribal weavers.

DISEÑOS DIVERSOS

En las páginas siguientes se muestran alfombras que, si bien conservan el repertorio de motivos tribales de ejemplos presentados anteriormente –tales como medallones, aves, otros animales, etcétera–, incorporan algunas distinciones que inciden fuertemente en el carácter de su diseño, como sucede con los ejemplares con un único medallón, las piezas con "diseños de jardín" o la fuerte presencia de la así llamada "trama de cañas", formada por una sucesión de franjas angostas bicolores, que suele agregar efectos de capas de profundidad a los diseños. También hay ejemplos de uso de diferentes estilizaciones del llamado "medallón francés", un motivo no solamente extranjero, sino de carácter "urbano" adoptado y transformado por las creativas tejedoras tribales.

71. KHAMSEH (?)
1.96 x 1.54 m
Late 19th century | Finales del siglo XIX

These two rugs, both probably Khamseh, present an unusual design with only one medallion. However, they create very different effects. The rug in Plate 71 has a mostly dark palette, full of mystery; it is the work of a weaver determined to fill even the smallest spaces with motifs from her iconographic repertoire. The field is packed with geometric motifs, amulets and peacocks, but the weaver has taken the liberty of including exquisite filigree in the main border. At the opposite extreme, the rug illustrated in Plate 72 explodes with brilliant colours, transmitting joy. The deep red field displaying attractive gazelles with large eyes is relatively loose, and is surrounded by an extraordinary geometric main border, and a breath-taking inner frame. The spandrels are filled with polychrome lines that in the narrow vertical sections are transformed into squares, while in the four intermediate triangles the weaver appears to be undecided: in parts the lines continue and in parts they break up, forming squares.

72. KHAMSEH
2.25 x 1.16 m
First quarter 20th century | Primer cuarto del siglo XX

Estas dos piezas, probablemente Khamseh, que presentan el inusual diseño de un solo medallón, nos trasmiten sensaciones muy diferentes; la 71, con su paleta sombría, llena de misterio, es obra de una tejedora decidida a llenar hasta el más mínimo espacio con motivos de su repertorio iconográfico; el campo está atestado de dibujos geométricos, amuletos y pavos reales, pero ella se permite, en la guarda principal, una exquisita filigrana. En el extremo opuesto, la alfombra 72 estalla con su brillante colorido y nos comunica alegría. El campo, de un rojo profundo, está relativamente despejado, con sus simpáticas gacelas con grandes ojos, rodeado por la extraordinaria guarda principal geométrica y el asombroso marco interno, que en los ángulos presenta líneas policromas que, en los tramos angostos verticales, se transforman en cuadrados, mientras que en los cuatro triángulos intermedios la tejedora se muestra indecisa: en partes continúan las líneas y en partes éstas se fragmentan formando cuadrados.

73 . AFSHAR
1.53 x 1.16 m
First quarter 20th century | Primer cuarto del siglo XX

The rug in Plate 73, woven by a woman of the Afshar tribe, contrasts its dark tones with the two large ivory medallions, the 'cane design' being confined to the triangles that frame the field. Extremely stylised, weirdly long-necked birds are shown in the medallions and the field. The very old Khamseh example in Plate 74 is a gem of tribal art. The relatively subdued palette has great character and is expertly combined. Also impressive are the plain and beautiful borders and lower and upper guards, and the bicoloured striped field that effectively evokes the water's surface, where the medallions with scattered chickens seem to float. All this contributes to a delightfully unpretentious nomad rug, which is at the same time a highly refined piece that demonstrates both exquisite craftsmanship and great clarity of design.

74. KHAMSEH
2.05 x 1.28 m
Second half 19th century | Segunda mitad del siglo XIX

La alfombra 73, obra de tejedoras de la tribu Afshar, contrasta sus tonos oscuros con los dos grandes medallones marfil; el "diseño de cañas" se limita a los triángulos que enmarcan el campo. Aves extrañas, de largos cuellos y sumamente estilizadas, se muestran en los medallones y el campo. El ejemplar Khamseh, notablemente antiguo, es una joya del arte tribal: la paleta de tonos relativamente apagados, pero de gran carácter y sabiamente combinados, la simpleza de las guardas y de las terminaciones inferior y superior, el campo de líneas diagonales sin detalles superfluos, efectivamente evocan agua en la que parecen flotar los medallones poblados de gallinas; todo nos pone ante una obra decididamente nómada, que nos deleita por su concepción sin pretensiones al mismo tiempo que se impone como una pieza muy refinada, de exquisita artesanía y gran claridad de diseño.

75. KHAMSEH
2.27 x 1.37 m
Early 20th century | Inicios del siglo XX

The Khamseh rug in Plate 75, with its frame covered with the 'cane design', shows a midnight-blue field reduced to a zigzag filled with rosettes, 'hooked' medallions, large animals, shrubs and birds. Unexpectedly, the central medallion is smaller; the background changes to red and presents 'phantom' birds of the same colour as the background, outlined in blue. The bird population in the two ivory medallions is arranged in an orderly fashion, with the bird placed in the centre made prominent by its yellow colour. The Baharlu rug pictured in Plate 76 is a majestic piece where the line of four joined medallions look to be floating over the striped field pattern, framed by a magnificent multi-coloured guard that changes design as it progresses: stepped on the long sides, its lower border zigzagging, and taking a mixed form on the upper side. Four thoroughly stylised chickens stand guard next to the 'posts of rain' that show different renderings in each of the medallions. Compared with the tribe's usual pieces, this one stands out because of its synthesis of designs. Two almost identical examples, with three medallions, were published in Opie's *Tribal Rugs*,[28] and in Parham's *Masterpieces of Fars Rugs*,[29] identified as work of the Baharlu (Ahmadlu/Jamehbozorgi) tribe, in the collection of the De Young Museum in San Francisco.

76. KHAMSEH – BAHARLU
2.71 x 1.53 m
Last quarter 19th century | Último cuarto del siglo XIX

La alfombra 75, con su marco cubierto del diseño lineal "de cañas", tiene su fondo azul noche reducido a un zigzag lleno de rosetas, medallones con prolongaciones de "cabezas de animales", grandes animales, arbustos y aves. El medallón central, curiosamente más pequeño, cambia su fondo por rojo y presenta aves "fantasma", de igual color que el fondo, solamente delineadas en azul. Los dos medallones marfil disponen ordenadamente su población de aves, con una de ellas de diferente color ocupando el lugar central. La alfombra 76 es una majestuosa pieza en la que el conjunto de cuatro medallones unidos parece flotar sobre el campo de diseño lineal, enmarcado por una guarda multicolor que va cambiando su diseño: escalonada en los laterales, en zigzag en el borde inferior y con una forma mixta en el borde superior. Cuatro gallinas estilizadas hacen guardia a los lados de "postes de la lluvia" diferentes en cada uno de los medallones. Se trata de una alfombra que se destaca por su síntesis, comparada con las habituales de estas tribus. Dos ejemplares casi idénticos, con tres medallones, se publicaron en *Tribal Rugs*, de Opie,[28] y en *Masterpieces of Fars Rugs*, de Parham,[29] éste identificado como obra de la tribu Baharlu (Ahmadlu/Jamehbozorgi) en la colección del De Young Museum de San Francisco.

77. QASHQA'I
2.83 x 1.82 m
First quarter 20th century | Primer cuarto del siglo XX

The Qashqa'i rug in Plate 77 shows two uncommon features, the 'cane design', which is usually rendered in two colours, here has nine colour variations, while the central medallion includes within it another smaller ivory-coloured medallion with the same characteristics as the main ones. The design of the Arab Khamseh rug in Plate 78 is extremely unusual; it bears a powerful single medallion decorated with *boteh* and polychromatic diamonds, framed with a 'flaming' border, echoed in a sky-blue colour framing the hexagonal field.

This piece may be associated with the family of 'Arab Jinni' rugs (see pp. 210-225) through two features: the secondary floral borders, and two strange ibexes that contain another animal within them. Another distinctive motif in this piece is the presence, in the upper spandrels of the field, of atypical and magnificent peacocks, whose large bodies are masterfully created using multi-coloured stripes.

78. KHAMSEH – ARAB
1.84 x 1.58 m
Late 19th century | Finales del siglo XIX

La alfombra 77 presenta dos variantes poco comunes: el "diseño de cañas", habitualmente bicolor, aquí tiene nueve variaciones de color, y el medallón central incluye en su interior otro medallón marfil más pequeño de características idénticas a las de los principales. En el diseño de la pieza 78, sumamente inusual, se destaca el único medallón decorado con *boteh* y rombos policromáticos, enmarcado por un "borde llameante". Éste se repite también en color celeste, enmarcando el campo hexagonal.

Este ejemplar se relaciona con la familia de alfombras "Arab Jinni" (ver páginas 210–225) por dos de sus características: los bordes secundarios florales y los dos raros íbices que aquí contienen otro animal en su interior. El motivo distintivo es la presencia, en los grandes ángulos superiores de la trama poblada por atípicos y magníficos pavos, de grandes cuerpos hábilmente diseñados por líneas multicolores.

79. KHAMSEH – BAHARLU / AINALU
3.35 x 1.74 m
First quarter 20th century | Primer cuarto del siglo XX

80. QASHQA'I
2.74 x 1.79 m
Late 19th century | Finales del siglo XIX

Both Plates 79 and 80 show layouts with the field reduced and framed by a succession of triangles covered by the bicoloured striped 'cane' pattern. The Baharlu/Ainalu example pictured in Plate 79 incorporates atypical elongated birds, ibexes with large horns, and gazelles with two heads – these originated in antique mythological creatures dating back to ancient civilisations, including the culture that created the 'Luristan' bronzes. The medallions are decorated with elaborate geometric stylisations of bunches of flowers. The Qashqa'i rug in Plate 80 also shows supernatural two-headed animals and stylised birds. In the Khamseh rug pictured in Plate 81, seven prominent squarish eight-pointed motifs, with the 'Sasanid' emblem in the centre, are placed in the medallion centres and in the field. The triangles of the frame are adorned with fine lines showing buds, adding detail to the composition. Among the varied motifs that appear in the field, the single *gol farang* is entirely atypical: the nearly figurative bunch of flowers on the left side, between the lower and central medallion, does not have its symmetrical counterpart on the opposite side or anywhere else on the rug.

Las dos alfombras de la página 134 muestran diseños en los que el campo está reducido y enmarcado por una sucesión de triángulos cubiertos por tramas del diseño de líneas bicolores "de cañas". La pieza 79 incorpora a su repertorio atípicas aves alargadas, íbices de grandes cuernos y gacelas de dos cabezas cuyos orígenes se remontan a animales mitológicos de antiguas civilizaciones, entre ellas la que creó los "Bronces del Luristán". Los medallones están decorados con elaboradas estilizaciones geométricas de ramos de flores. En el ejemplar 80 también aparecen animales sobrenaturales de dos cabezas y aves estilizadas. En la alfombra 81 se imponen los siete motivos de ocho puntas, casi cuadrados, con el "emblema sasánida" en su centro, que ocupan ubicaciones centrales en los medallones y a sus lados. Los triángulos laterales muestran finas líneas con pimpollos que aportan detalle a la composición. Entre los variados motivos del repertorio tribal que pueblan el campo, es absolutamente atípica la presencia de un único *gol farang*: el ramo de flores casi figurativo, sobre el lado izquierdo, entre el medallón inferior y el central, que no tiene correlato simétrico en el lado opuesto ni en ninguna otra parte de la alfombra.

81. KHAMSEH
3.10 x 1.74 m
First quarter 20th century | Primer cuarto del siglo XX

82. KHAMSEH
1.93 x 1.27 m
Late 19th century | Finales del siglo XIX

This rug may be considered the most extreme example of the elimination of the field background by the saturation of motifs. The weaver, with consummate artistry, has managed to fill the entire field with a strikingly unusual pattern of vigorous graphics representing chickens and palmettes, to such an extent that in many cases the tails of the pairs of birds fit exactly with the branches of the palmette between them. *Horror vacui* at its maximum! It is an unconventional example, where the frame, tightly decorated with the *gol farang* motif, shows the usual formal repertoire of the medallions: the stepped polychromatic border, the prolongations towards the centre, which become a field with an all-over design. It is as if we are looking at an inverted classic design. An unusual feature are 'sun chariot' rosettes in the vertical parts of the *bazu-bandi* main borders. The colours are outstanding: The rich, warm saturated tones demonstrate the knowledge and patientce of the master dyers. We find ourselves gazing through an open window at a hypnotically coloured world.

Esta alfombra es uno de los ejemplos más extremos de la eliminación del fondo por medio de la saturación de motivos. La tejedora, con gran maestría, logró llenar todo el espacio del campo con un vigoroso diseño gráfico que representa gallinas y palmetas, al extremo de que, en muchos casos, las colas de los pares de aves encajan exactamente con las ramas de la palmeta ubicada entre ellas. ¡*El horror vacui* en su máxima expresión! Un ejemplar poco convencional, en que el marco lateral –decorado ajustadamente con el motivo de *gol farang*– asume el repertorio formal habitual en los medallones: el borde escalonado policromo, las prolongaciones hacia el centro, el que se transforma en un campo con una trama. Es como si contempláramos el diseño clásico invertido. Es atípica la inclusión de rosetas de "carro solar" en los tramos verticales de la guarda principal *bazu-bandi*, en lugar de la habitual flor. Los colores asombrosos nos hablan de la sabiduría y de la paciente tarea de los maestros tintoreros. Nos encontramos mirando a través de una ventana, hacia un mundo de hipnótico colorido.

Gol Farang

The motif called *gol farang*, translated as 'French medallion' or 'foreign medallion', represents a bouquet of flowers. Initially, the flowers and leaves were most probably drawn to resemble real ones, but they evolved into different abstract renderings; some of them are seen in the rugs on these pages. The rug in Plate 83 shows it as the only motif, filling the field with a version close to a figurative realistic rendering, while in the rugs pictured in Plates 4 and 82 we see it reduced to a grouping of coloured abstract forms; it is difficult to imagine that originally they represented flowers. A most extreme derivative of this motif appears in the primary border of Plate 106. The *gol farang* is an example of how the tribal weavers adopted an alien and complex motif, progressively modifying it according to their inventiveness and their preferences, until it became a novel and original addition that enriched their tribal tradition and repertoire.

El motivo llamado *gol farang* –que se traduce como "medallón francés" y, por extensión, como "medallón extranjero"– simboliza un ramo de flores. En sus orígenes, probablemente, las flores y hojas que lo forman estuvieron representadas de manera cercana a la figuración realista y evolucionaron hacia distintos modos de abstracción, algunos de los cuales están presentes en las alfombras de estas páginas. La pieza 83 nos lo muestra como motivo único llenando el campo en una versión cercana a la figuración, mientras que en los ejemplos 4 y 82 lo vemos reducido a un conjunto de formas abstractas de colores, en los que apenas intuimos reminiscencias vegetales. En la alfombra 106, la guarda principal es una variación muy rara derivada de este motivo. El *gol farang* es un ejemplo de evolución y adaptación de un diseño que es tomado por las tejedoras tribales, que adoptan una forma ajena y compleja y, progresivamente, la van modelando según sus necesidades de expresión, su gusto y su inventiva, hasta transformarla en una nueva y original adquisición que pasa a enriquecer su propio repertorio y tradición tribal.

82. KHAMSEH
See page 137 | Ver página 137

106. KHAMSEH
See page 177 | Ver página 177

83. KHAMSEH
1.85 x 1.36 m
Early 20th century | Inicios del siglo XX

4. KHAMSEH – BAHARLU
See page 33 | Ver página 33

84. KHAMSEH
1.80 x 1.46 m
Late 19th century | Finales del siglo XIX

These two Khamseh rugs share their border system and their frame with angles and laterals filled with the same motif enclosing similar-shaped fields. Plate 84 shows the beautiful subtlety of the solitary medallion's outline, matched by the treatment of the spandrel's serrated borders. The field is a garden filled with flowering shrubs emblematic of the tribe and large red chickens. The field is a garden in which birds and shrubs float around the central medallion – a fountain. Plate 85, by contrast, is a nomadic interpretation of a much more formal garden. To borrow the terminology of Black and Loveless, it is a true 'woven garden', with superb, luminous colours. The perimeter wall is represented by elegant staggered lines surrounding the ivory background of the field, where conspicuous cypress trees grow, each one with a carefully rendered lively palette; within is another wall with smaller cypress trees. In the centre we discover a fountain with goldfish drawn as serrated lines. Let us enjoy this marvellous sight from a bird's-eye view. The sensation intensifies because the trees lean towards the centre, towards the inviting pond that attracts our attention.

Estas dos alfombras tienen en común el sistema de guardas y el marco, con sus ángulos y laterales llenos con el mismo motivo, rodeando campos de forma similar. La pieza 84 muestra una notable sutileza en los bordes del único medallón, y en el tratamiento de las guardas zigzagueantes que enmarcan el campo-jardín. Éste se puebla con arbustos en flor emblemáticos de la tribu y grandes gallinas rojas, que flotan libremente alrededor del medallón central, reminiscente de una fuente de agua. En cambio, la alfombra 85 es la interpretación nómade de un jardín formal, según la expresión de Black y Loveless: un verdadero "jardín tejido", con excelentes y luminosos colores. Vemos representado, en un elegante zigzag, el muro perimetral que encierra el campo color marfil donde crecen los muy notorios cipreses adosados al interior del muro, cada uno con una estudiada y brillante paleta de colores, y, por dentro, otro muro con cipreses más pequeños. En el centro, la fuente con sus peces representados por líneas aserradas. Contemplamos este maravilloso jardín a vuelo de pájaro. La sensación se acentúa por la disposición de los árboles, orientados hacia el deseado estanque que atrae nuestra mirada.

85. KHAMSEH
1.96 x 1.30 m
Late 19th century | Finales del siglo XIX

86. KHAMSEH (?)
1.52 x 1.01 m
Late 19th century | Finales del siglo XIX

The two rugs shown here share the same basic design layout, each appearing to be a 'rug within a rug' with the strong iconic presence of the 'tree of life' and its animal entourage. This tree or totemic pole has a clear relationship with water. The 'innermost rug' is in fact the representation of a garden, within which the four shrubs that end with a flower in Plate 86 become slender and green cypress trees in the rug shown in Plate 87. In both cases, the shrubs and trees are repeated in the corners of the field. The amphorae provide water to irrigation ditches, shown as lines that join them; these ditches are at the same time the 'trees of life'. The first example is plainly 'primitive' in design and execution, the 'tribal' impression it conveys being quite direct; while the second one shows a much more elaborate design and careful execution, and more likely was made in a sedentary environment. In its four corners appear yellow lotus flower palmettes, which have evolved until transformed into almost human faces. The geometric primary border is magnificent, as is the guard system with boteh and multi-coloured stripes that encloses the inner garden. Plate 86 was designed with a definite symmetrical horizontal axis: all the motifs face the centre. In Plate 87 there is a contradiction: while the 'trees of life' and their lateral motifs are symmetrical towards the centre, the peacocks face the same way over the entire rug. Graceful gazelles with long horns, along with the traditional chickens, plants and flowers, give life to these splendid gardens of the desert.

Pages 144 and 145 overleaf: DIVERSE DETAILS

87. KHAMSEH (?)
2.36 x 1.46 m
Early 20th century | Inicios del siglo XX

Dos ejemplos en los que reconocemos un mismo planteo de diseño, que aparentemente es de "alfombra dentro de alfombra", con la fuerte presencia del icónico "árbol de la vida" y su cortejo de animales. Como veremos, este árbol o poste totémico exhibe muy claramente su relación con el agua. La "alfombra interior" es, en realidad, la representación de un jardín, dentro del que, en la pieza 86, vemos cuatro arbustos terminados en una flor; éstos se transforman en esbeltos y verdes cipreses en el ejemplar 87. En los dos casos, estos arbustos y árboles se repiten en los ángulos del campo. Las ánforas aportan agua a las líneas que las unen; éstas son acequias lineales y, al mismo tiempo, "árbol de la vida". El ejemplar 86 es claramente más "primitivo" en su diseño y ejecución, la sensación "tribal" que trasmite es muy directa, mientras que el 87 nos muestra un diseño extremadamente elaborado y una ejecución muy cuidadosa, más propia de un ámbito sedentario. En éste se agregan las cuatro esquinas, en las que representaciones de la "palmeta flor de loto", en amarillo, evolucionaron hasta transformarse casi en caras humanas. Se destacan la magnífica guarda principal geométrica y la guarda con *boteh*, que rodea el centro. Esta alfombra está diseñada con un claro eje horizontal de simetría. Todos los motivos se dirigen hacia el centro. En el otro ejemplo, encontramos una contradicción: mientras los "árboles de la vida" y sus motivos laterales son simétricos hacia el centro, los pavos reales se orientan en una misma dirección en toda la alfombra. Esbeltas gacelas de largos cuernos, junto con las tradicionales gallinas, plantas y flores, llenan de vida estos espléndidos jardines del desierto.

En páginas siguientes 144 y 145: DISEÑOS DIVERSOS

RUGS WITH PEOPLE AND ANIMALS

The inclusion of animals in these rugs has an evident explanation: in life the people who created the rugs were surrounded by animals, both wild and domestic. Their subsistence depended on the latter, but the presence of fantastic animals with two heads and numerous feet, with plants and flowers growing out of them, originated in archaic mythological symbols found in age-old cultures. At times positioned centrally, the human figures on the rugs, whether the weaver's signature or representations of her family or clan, are depicted in a surprising variety of visual languages. They suggest the importance these artworks had for the weavers, since they included themselves in them.

ALFOMBRAS CON PERSONAJES Y ANIMALES

La inclusión de animales en las alfombras tiene una interpretación evidente: la vida de quienes las crearon estaba rodeada de animales, tanto en estado salvaje como domesticados. De estos últimos dependía su subsistencia. Pero la presencia de animales fantásticos de dos cabezas y numerosas patas, con plantas y flores creciendo de ellos, nos habla de símbolos mitológicos arcaicos tomados de antiguas culturas. Las figuras de personas en las alfombras, ya sea como mínima firma de la tejedora o como representación de una familia o un clan y, a veces, en posición protagónica, se muestran con una variedad asombrosa de lenguajes visuales y nos hablan de la importancia que para sus autoras tuvieron estas obras, al punto de incluirse en ellas.

88. KHAMSEH – ARAB

2.34 x 1.70 m

Last quarter 19th century | Último cuarto del siglo XIX

The iconography that the weaver displays in this Arab-Khamseh rug is imbued with freedom and fantasy; she reserves a special place for herself, signing her work with the single figure of a woman in the field, placed to the right of the central medallion. In the lateral sections of the main border can be seen personages with their skirts coloured knot by knot. Four horsemen are shown with detailed saddles and reins, and with a yellow line on their backs, thinner at one end, which appears to be a weapon. In the lower part of the field, two amphorae with finely drawn plants appear; nearby we see animals with three horns that finish in diamonds. In the entire field, the conspicuous figures are the magnificent peacocks. From their heads, wings and tails emerge disproportionate feathers, transformed in lines to become arrows, which naturally draw our eyes towards the bird found underneath. At the sides of the union between the upper and middle medallions there are two monumental ducks in vivid colours, nearly caricatures. Their feet are different: the one on the left wears a type of shoe but worn backwards. This might be considered an anatomical error, but was interpreted by the well-known psychoanalyst and writer Héctor Scaglia as being correct if we assume that the duck was swimming. Once again, everything depends on how it is viewed; whatever the case, there is no doubt that we are contemplating an alluring and mysterious tribal masterpiece.

Es realmente extraordinaria, por su fantasía y libertad, la iconografía que la tejedora despliega en esta alfombra. Ella se reserva un lugar especial, firma su obra con una única mujer en el campo, a la derecha del medallón central. En los laterales largos del borde principal, sobre fondo marfil, aparecen numerosos personajes con sus faldas coloreadas nudo a nudo. Hay cuatro jinetes a caballo con detalladas monturas y riendas y una línea amarilla en sus espaldas, más delgada en uno de sus extremos, quizás un arma; en la parte inferior del campo, vemos dos ánforas con finas y elaboradas plantas, y, muy próximos, animales con tres cuernos terminados en rombos. En todo el campo, los conspicuos protagonistas son los magníficos pavos reales. De sus cabezas, alas y colas surgen plumas desmesuradas, transformadas en líneas que configuran flechas, que naturalmente llevan nuestra mirada hacia el ave que se encuentra debajo. A los lados de la unión del medallón superior y el central, dos patos monumentales de vívidos colores, casi caricaturescos, muestran diferencias en sus patas, en el de la izquierda, con una especie de calzado, los pies están vueltos hacia atrás; esto, que podría ser considerado un error, fue interpretado por el reconocido psicoanalista y escritor Héctor Scaglia como una correcta representación, en caso de que el pato estuviese nadando. Una vez más, todo es según como se mire. De lo que no cabe duda es que estamos ante una obra tribal plena de maestría, atractivos y misterio.

89. KHAMSEH (?)

2.50 x 1.32 m

Late 19th century | Finales del siglo XIX

The primary border depicting human figures is a very attractive feature of this rug. With its careful chromatic treatment, it maintains the same direction on the four sides, instead of being symmetrical towards the centre. Two women in the top medallion, very lightly outlined in yellow, look as if they want to pass unnoticed. The medallions are principally populated by birds and by the ancient symbol of 'sun chariots', here represented with rectilinear perimeters. These two motifs decorate each one of the medallions with a different arrangement and with meticulously perfect balance. The secondary border in golden yellow adds sumptuousness, while the inner guard of blue and ivory reciprocal triangles shows an interchange of colours close to the lower part. The adjoining border also changes, though more subtly, while the other ones continue the same. The lower half of the midnight-blue field is populated by a variety of birds, animals, rosettes and polychrome diamonds freely distributed. In the top half, the same field belongs only to the birds, which in the upper left corner form a group of exquisite polychromatic variety. The rendering of the birds' bodies is as if they were drawn in perspective – quite a contrast with the customary lateral-plane rendering. Where space allows, the weaver adorns the bird's heads with crests that finish in three diamonds.

Es muy atractiva la guarda de personajes con cuidado tratamiento cromático, que mantiene el mismo sentido de lectura en sus cuatro lados, en lugar de ser simétrica hacia el centro. Dos mujeres, en el medallón superior, apenas delineadas en amarillo, parecen querer pasar desapercibidas. Los medallones están poblados, principalmente, por aves y símbolos de "carro solar" de perímetro rectilíneo. Estos dos motivos decoran con estudiado balance los medallones, con arreglos diferentes en cada uno de ellos. Se destaca la guarda secundaria en amarillo dorado, que aporta suntuosidad, mientras que la guarda interna de triángulos recíprocos azul y marfil sufre un enroque de sus colores cerca de la parte inferior. La guarda contigua también cambia, aunque más sutilmente, mientras que las demás continúan igual. La mitad inferior del campo azul noche se puebla de una variedad de aves, animales, rosetones y rombos policromos dispuestos libremente. En la mitad superior, el mismo campo pertenece solamente a las aves, las que, en el ángulo superior izquierdo, forman un conjunto de exquisita policromía y sugieren, en el diseño de su cuerpo, una cierta perspectiva en escorzo, a diferencia de la habitual visión plana lateral. Donde el espacio lo permite, la tejedora adorna la cabeza de las aves con una cresta terminada en tres rombos.

This is a grand Khamseh rug. The treatment of its motifs could be simultaneously considered as naïve and masterly; just look how the relaxed human figure and the horned animals are represented. The field has a very pronounced *abrash* (colour variation), with its centre midnight blue, nearly black, and its two ends a luminous ultramarine. Among the piece's highlights are: the colourfully decorated border system, particularly the primary golden yellow guard; the detailed and different decoration in each of the three medallions, especially the lower one with the fanciful fragmentation of its all-over diamond lozenge; the painstaking linear details; and an atypical red 'emblem'. In the field, from the bottom up, we observe with delight the dazzling effect of the multi-coloured shining diamonds on a red background in the lower corners; the tree on the left side with its multi-coloured chevron branches and the array of rosettes; and particularly the richness and contrast that the weaver obtains in the dark parts of the field of this rare and beautiful example of tribal art.

Ésta es una gran Khamseh, con un tratamiento de sus motivos que podríamos calificar como *naïf* y magistral al mismo tiempo; veamos el personaje, en actitud relajada, y los animales con cuernos. Inesperadamente, en una alfombra de este origen no encontramos ningún ave. El campo tiene un pronunciadísimo *abrash*, con su sección central azul noche, casi negro, y sus dos extremos de un luminoso azul mediano. Detengámonos a contemplar el sistema de guardas magníficamente colorido, en particular la principal, amarillo-dorada; la decoración detallada y diferente en cada uno de los tres medallones, especialmente el inferior, con la caprichosa fragmentación de su trama de rombos; los finos detalles lineales y un atípico "emblema" rojo. Y, recorriendo el campo de abajo hacia arriba, el deslumbrante efecto de los rombos multicolores luminosos sobre fondo rojo en las esquinas; el árbol sobre el lado izquierdo con sus ramas policromas en "V" y los conjuntos de rosetones, en particular la riqueza y contraste que la tejedora logra en la sección oscura del campo. Es, en definitiva, un raro y hermoso ejemplo de arte tribal.

90. KHAMSEH
3.70 x 1.82 m
Late 19th century | Finales del siglo XIX

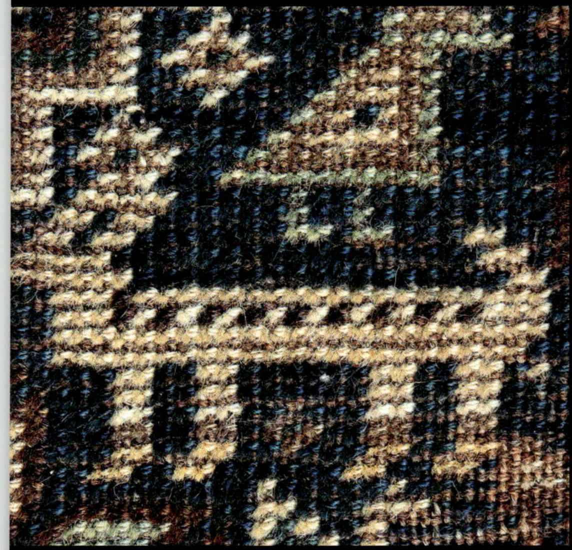

91. QASHQA'I
2.70 x 1.70 m
Early 20th century | Inicios del siglo XX

The Qashqa'i rug illustrated in Plate 91 shows four detailed *boteh* forms in its corners, and in a prominent position there is a single horse. On its back are two triangles representing the saddle. The detailed rendering of the horse clearly depicts its knees, its mane, and especially its tail. The horses in Plate 92 are treated similarly. Those beside the lower medallion show detailed ornaments on their flanks, with the horsemen riding standing up, but their heads cannot be distinguished. A rich repertoire of animal depictions, some of them very small, is employed to inhabit the field. Among them are two large ibexes represented with detailed hooves, their bodies decorated with small crosses; they have long curved horns. Beneath them a smaller animal finds its place.

92. QASHQA'I
1.90 x 1.40 m
Early 20th century | Inicios del siglo XX

La alfombra 91, con cuatro elaborados *boteh* en sus esquinas, tiene, en ubicación destacada, un único caballo, que lleva sobre su lomo dos triángulos que equivalen a la silla de montar; su detallada representación permite distinguir sus rodillas, sus crines y, en especial, su cola. Similar tratamiento tienen los caballos de la alfombra 92; los dos que se encuentran a los lados del medallón inferior ostentan en sus costados adornos detallados y, sobre las monturas, sus jinetes parados, cuyas cabezas no se distinguen. Un rico repertorio de animales, algunos muy pequeños, pueblan el campo; entre ellos se destacan los dos grandes íbices, representados con detalladas pezuñas, cuerpos decorados con pequeñas cruces y largos cuernos curvados que contienen un pequeño animal.

93. KHAMSEH
2.15 x 1.39 m
Early 20th century | Inicios del siglo XX

The Khamseh rug pictured in Plate 93 shows its camel-coloured field filled with a multitude of amulets, birds and decidedly primitively drawn human figures. On the rug in Plate 94 the primary border stands out, indicating that this is a bold, determined weaver who disregards the usual models; for the top and bottom ends she changes the fishbone design of the lateral sides in favour of solid coloured diamonds. Less noticeable, but nevertheless important, is the presence of the female figure. Here no man appears. The woman, opulent in her form and features (the weaver emphasises her nipples and navel), is a queen and goddess, a primitive Venus, endlessly repeated. The women are escorted by fantastical elongated animals; see the ones along the vertical axis of the medallions. Some animals have up to seven feet. The 'comb' that alludes to ritual cleaning is repeated much more often than usual. Could this be to compensate for the sensuality that is shown? Here the patriarchy and restrictions imposed by religion seem to have been ignored. What would the men of the tribe have said of this?

94. KHAMSEH (?)
2.25 x 1.30 m
Early 20th century | Inicios del siglo XX

En la alfombra 93, el campo color camello aparece poblado de una multitud de amuletos, aves y figuras humanas de dibujo extremadamente primitivo. En la pieza 94 se destaca el sumamente inusual borde principal, que nos habla de una tejedora con audacia y decisión, que se aparta de los modelos conocidos y que, además, renuncia en los lados inferior y superior a la espina de pescado que se luce en los bordes laterales y sintetiza el diseño con rombos de colores plenos. Menos notoria, pero no menos importante, es la presencia de la figura femenina. Aquí no hay ningún hombre. La mujer, opulenta en sus formas y rasgos (la tejedora se permite inclusive destacar los pezones y el ombligo), es reina y diosa, una Venus primitiva, repetida incesantemente. Fantásticos y longilíneos animales le hacen compañía; ver especialmente los del eje vertical de los medallones. Algunos exhiben hasta siete patas. El "peine" que alude a la limpieza ritual se repite aquí, mucho más que lo habitual, ¿quizás para compensar la sensualidad expuesta? El patriarcado y las restricciones impuestas por la religión aquí parecen haber quedado de lado. ¿Qué habrán opinado los hombres de la tribu?

95. KHAMSEH

2.70 x 1.55 m

Late 19th century | Finales del siglo XIX

This Khamseh rug, previously part of the Kossow Collection, impresses on account of its opulent palette of superb green, blue, red and gold colours on a majestic ivory background, and by means of its glowing, silky wool. Among the motifs, there are four menacing red lions with their jaws open. Less threatening are the birds, possibly ducks or geese with their heads facing backwards. Two-headed animals, whose design dates back more than 2,000 years to the tradition of the 'Luristan' bronzes, are to be found in the lower medallion. Next to the innermost border we find three highly detailed boteh, and many cruciform Sasanid motifs that almost form a guard on either side. These motifs are characteristic of the Lurs tribes, and differentiate the repertoire of this rug from that usually encountered in the Khamseh tradition. The primary border has extremely stylised birds with a complex reciprocal design background figure in ivory and red, but in some parts these colours are changed for green or yellow, depending on the weaver's whim.

Esta pieza, anteriormente en la Colección Kossow, se impone por su paleta opulenta, de intensos verdes, azules, rojos y dorados sobre un suntuoso marfil, y por la calidad aterciopelada y brillante de su lana. Entre los motivos resaltan cuatro leones rojos, amenazantes, con sus bocas abiertas. Más amigables, las aves, quizás patos o gansos, vuelven la cabeza hacia su lomo. Animales de dos cabezas, cuyo diseño se remonta a la tradición de los "Bronces del Luristán", de más de dos mil años de antigüedad, pueblan el medallón inferior. En los laterales marfil, encontramos tres *boteh* muy elaborados y motivos cruciformes sasánidas que casi conforman una guarda a cada lado; éstos son característicos de los diseños de las tribus Lurs, y contribuyen a diferenciar el repertorio de esta pieza del tradicional empleado por las tejedoras Khamseh. El borde principal muestra una guarda de diseño complejo, de aves extremadamente estilizadas recíprocas "fondo-figura", en marfil y rojo, aunque estos colores van cambiando por verde o amarillo, según el capricho de la tejedora.

The powerful and somehow 'primitive' design of this rug is organised around a central line where the main figures are to be found: two lions adorned with guards, facing a small hooked medallion that contains an exquisitely coloured symbol of the 'sun chariot', and next to it two people. We find six rows of parading powerful chickens depicted in a most unconventional way. Between them are rows of 'guardian of the rain' bird-animals in a very abstract and fattened version, with a geometric-shaped flower on their backs. Three different peacocks appear on the central vertical axis. Large combs, bushes, more people, minute animals, colourful geometric elements and an endless profusion of tribal motifs fill the field, some of them closely related to graphics found in Shekarlu sub-tribe rugs. Examining the interesting golden-yellow guard, we find surprises: on the long sides there are random appearances of lateral triangles, octagons containing eight-pointed stars and a square. This is an example of adventurous colouring and boldness of design, incorporating elements that originated in the traditions of several different tribes.

El diseño potente y "primitivo" de esta alfombra se organiza desde una línea central donde se encuentran los principales protagonistas: dos leones, custodiando un pequeño medallón "con cuernos" que contiene el símbolo del "carro solar", exquisitamente coloreado; cerca se ubican dos personajes. En seis hileras, desfilan poderosas gallinas de diseño poco habitual, entre ellas se ubican filas del ave-animal guardián de la lluvia, en una versión sumamente sintetizada y pesada, con la flor sobre su lomo transformada en una forma geométrica. Tres pavos reales se acomodan en el eje vertical central. En el campo aparecen grandes peines, arbustos, otro personaje, minúsculos animales, coloridos elementos geométricos y un sinfín de motivos tribales, algunos de ellos estrechamente emparentados con el repertorio de la subtribu Shekarlu. La observación de la muy interesante guarda amarillo-dorado nos depara sorpresas: triángulos laterales, octógonos, un cuadrado. Éste es un ejemplar de gran colorido y audacia, que exhibe elementos de diseño provenientes de tradiciones de diversas tribus.

96. KHAMSEH (?) QASHQA'I – SHEKARLU (?)
2.33 x 1.51 m
Late 19th century | Finales del siglo XIX

97. QASHQA´I
2.72 x 1.34 m
Dated AH 1344 (1925) | Fechada AH 1344 (1925)

On the Qashqa'i rug shown in Plate 97, the magnificent border of multi-coloured diagonal lines attracts our attention. Next to it we find an ivory border, with subtly drawn emblems or amulets. In the two upper medallions the Imperial Lion is shown. So that we do not doubt its royal status, the weaver adds a crown floating above it. Close by, two childlike human figures appear. Various fabulous animals are represented next to the lower medallion. The border system and some of the field motifs are almost identical to those of a 'Lion' rug published by various authors.[30] Plate 98 is a true rarity, since the weaver takes the traditional Khamseh design but replaces the usual birds with quadrupeds. Among the hundreds of animals that fill the medallions and field, one can see three gazelles with long horns, pairs of two-headed animals, and a strange creature with a yellow triangular body under an animal with an overlong body. Among this profusion of fauna covering the field, a mere five birds are easily lost. Following some mysterious personal impulse, the weaver adds enormous cypress trees drawn sideways, and an unexpected ivory-coloured 'snowflake'.

98. KHAMSEH
2.74 x 1.84 m
Late 19th century | Finales del siglo XIX

En la alfombra 97, atrae nuestra mirada la magnífica guarda de líneas diagonales multicolores y, a continuación, la guarda marfil, con sutiles emblemas o amuletos. En dos medallones está representado el león imperial; para que no dudemos de su investidura, la tejedora agregó una corona flotando encima. Cerca aparecen dos pequeñas figuras semejantes a niños. Varios animales fantásticos se dan cita a los lados del medallón inferior. El sistema de guardas y algunos de los motivos del campo son idénticos a los de una "alfombra de león" publicada por varios autores.[30] El ejemplar 98 es una auténtica rareza, ya que la tejedora toma el diseño tradicional pero remplaza las habituales aves por cuadrúpedos. Entre estos cientos de animales que llenan medallones y campo, se diferencian tres gacelas con largos cuernos, dos pares de animales de dos cabezas, y una extraña criatura con cuerpo triangular amarillo ubicada bajo un animal de cuerpo desmesuradamente largo, a la derecha, entre los dos medallones superiores. La tejedora agrega, siguiendo impulsos misteriosos, enormes cipreses acostados y una rara forma de "copo de nieve" color marfil.

99. KHAMSEH – BAHARLU / AINALU
2.10 x 1.32 m
Late 19th century | Finales del siglo XIX

Historically a very interesting example, this Khamseh rug is so closely related to an intriguing piece published by Opie in his book *Tribal Rugs*,[31] that we could infer that they were woven by the same family. They share numerous elements, though this example is more formal, less 'primitive'. In the published rug, all the motifs are spread over the field, while here three medallions are added, but in a plain version: three diamonds without lateral or final prolongations and with straight outlines. These medallions give the impression of floating freely in the blue field. The motifs common to both pieces are the following: the primary borders in their earlier version; the tiny boteh in the frame and its spandrels; the figures with open arms; the clusters of three boteh; the finely rendered cypress trees with beautiful chromatic composition; the splendid gazelles; the pomegranates showing their seeds as a symbol of fertility; the flowering shrubs; hardly recognisable red fish reduced to a line with fins and tails and a single white knot as the eye; and the idiosyncratic reclining birds with their beaks open and their feet bent under their body. All this indicates that we are looking at a rare piece of a master weaver belonging to the Baharlu or Ainalu tribes.

Éste es un espécimen muy interesante desde el punto de vista histórico. Se trata de un ejemplo tan estrechamente relacionado con la misteriosa alfombra presentada por Opie en el libro *Tribal Rugs*,[31] que podríamos inferir que las dos fueron obra de la misma familia. Ambas comparten numerosos elementos, si bien ésta presenta un carácter más formal, menos "primitivo", ya que en la alfombra publicada todos sus motivos están desperdigados en el campo, mientras que aquí se agrega un conjunto de tres medallones, pero en su versión más simple: tres rombos sin prolongaciones laterales ni finales, con bordes rectos, que dan la sensación de flotar libremente en el campo azul. Los motivos en común de ambas piezas son las guardas principales en su versión más antigua, los minúsculos *boteh* en el marco y sus ángulos, los personajes con los brazos abiertos, los racimos de tres *boteh*, los elaborados cipreses de hermosa composición cromática, las gacelas espléndidamente representadas, los frutos de granada que muestran sus semillas como símbolo de fertilidad, los arbustos en flor, peces rojos que apenas se reconocen, reducidos a una línea con aletas y colas y un único nudo blanco como ojo, y las idiosincráticas aves reclinadas con sus picos abiertos y su pata doblada debajo del cuerpo. Todo esto indica que estamos contemplando la rara obra de una maestra tejedora perteneciente a las tribus Baharlu-Ainalu.

100. QASHQA'I – KASHKULI
2.52 x 1.35 m
Late 19th century | Finales del siglo XIX

In this beautiful example we find elements of 'urban' inspiration that are characteristic of Kashkuli rugs, such as the *boteh Qobad Khani* and the *shahparaki* (butterfly) main border. These coexist with innovative tribal touches, not usually present in such profusion and variety in rugs of this tribe. In the field we find geometric figures that include diamonds and squares divided in triangular sections of exquisite colour range. There are a great variety of fanciful birds and animals, particularly majestic birds stylised in a triangle with bicoloured diagonal stripes, and with 'animal heads' emerging from their backs. The tribal repertoire includes male and female figures on each side of the lower part of the central medallion. The rich colour palette is dominated by the deep, silky 'Kashkuli Red' and the uncommon presence of a bright light green and a burgundy skilfully combined in a secondary border, within diamonds and animal forms – it is as if the weaver knew how to handle the theory of complementary colours. The stepped borders of the two furthest-apart medallions and the corners show 'animal heads', each one with a single knot that represents the eye. The field is framed by lateral lines of exquisite triangles formed by the filigree of its polychromatic lines. This is a world imbued with fantasy and superb craftsmanship that draws us in as we gaze upon it.

En esta pieza figuran los elementos de inspiración "urbana" característicos de las alfombras Kashkuli: *boteh Qobhad Khani* y guardas *shahparaki* (mariposa) coexisten con la inclusión innovadora de "toques" tribales, poco frecuentes en tal profusión y variedad en las alfombras de esta tribu. En el campo encontramos diseños geométricos que incluyen rombos con ángulos cortados y cuadrados divididos en secciones triangulares de exquisita policromía, y gran variedad de aves y animales fantásticos, en particular las majestuosas aves sintetizadas en un triángulo con franjas diagonales bicolores, de cuyo lomo surgen "cabezas de animales". El repertorio tribal incluye las figuras masculina y femenina a ambos lados de la parte inferior del medallón central. En la rica paleta dominan el aterciopelado y profundo "rojo Kashkuli" y la rara presencia del luminoso verde claro y el berenjena magistralmente combinados en una guarda menor, en rombos y en animales, como si la tejedora manejara la teoría de los colores complementarios. Los bordes escalonados de los dos medallones extremos y de los ángulos presentan "cabezas de animales" que exhiben un ojo cada una. El campo está enmarcado por dos franjas de exquisitos triángulos formados por la filigrana de sus líneas policromas. Un mundo pleno de fantasía y de excelente ejecución, que invita a la contemplación detallada.

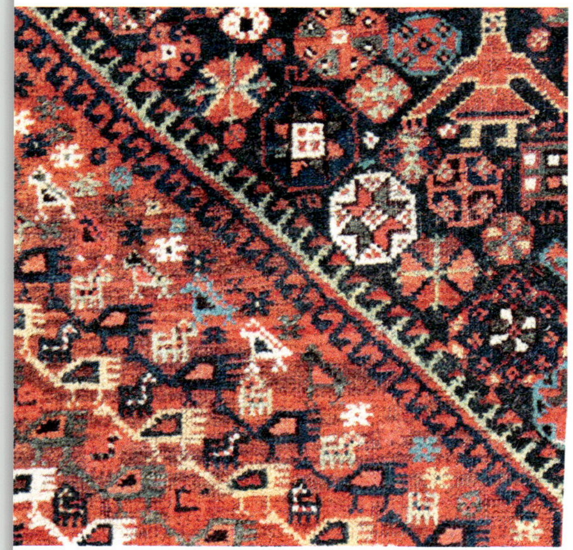

101. KHAMSEH
1.98 x 1.20 m
Late 19th century | Finales del siglo XIX

The Khamseh rug in Plate 101 has thin coloured stripes that outline the medallions with elegant zigzags; three friendly-looking people greet us, each holding a flower in their upraised hands. Quadrupeds with chequered bodies, drawn with childlike simplicity, are on parade. Numerous pomegranates showing their seeds as a fertility symbol fill the field of this naïve and charming piece. The weaver of the Qashqa'i rug in Plate 102 was determined not to leave empty spaces; every available area is covered with innumerable tribal motifs. Four opulent figures are arranged around the lower medallion. To the right of the red figure, a strange bird with a green border chooses to rest lying down. In the frame around the field, rows of stylised birds, in two different forms, share the space with small animals.

102. QASHQA'I (?)
2.90 x 2.10 m
Early 20th century | Inicios del siglo XX

En el ejemplar 101, los medallones se envuelven en un conjunto de líneas finamente zigzagueantes; tres simpáticos personajes nos saludan sosteniendo una flor en su mano en alto, cuadrúpedos con el cuerpo cuadriculado desfilan representados casi infantilmente; numerosos frutos de granada muestran las semillas de su interior, como símbolo de fertilidad y cubren armónicamente el campo de esta pieza plena de ingenuo encanto. La tejedora de la alfombra 102 estaba determinada a no dejar espacios vacíos. Cuatro opulentas figuras se ubican alrededor del medallón inferior; a la derecha de la figura roja, una extraña ave con borde verde elige descansar acostada; en los triángulos del marco, alrededor del campo, filas de aves muy sintetizadas, de dos formatos diferentes, se combinan con pequeños animales.

103. AFSHAR
2.25 x 1.45 m
Last quarter 19th century | Último cuarto del siglo XIX

This outstanding rug is related to an example published in Opie's *Tribal Rugs*.[32] It combines a glowing ivory field with medallions showing an infinite pattern, which is characteristic of this tribe and was used in various outstanding published examples, where it fills the entire field. But here this pattern filling the medallions transforms them into three 'windows' that look out from another richly coloured, even deeper dimension. The field is spontaneously filled by an assortment of tribal iconography: 'trees of life'; *boteh*; ten chickens; a striped camel; animals; human figures, some of them tiny, with disproportionately large necks; and 'guardian of the rain' birds. Notwithstanding the enormous number of motifs in the field, each one remains clearly distinguishable by comparison with other examples. The magnificent guards, the four corners decorated with multi-coloured lines, and the embroidered end finish formed of stepped chevrons all frame an exceptional piece with very fine weaving, and an exquisite design that maintains its tribal charm.

Esta extraordinaria alfombra está relacionada con un ejemplar publicado en el libro *Tribal Rugs*.[32] Aquí se combinan el resplandeciente campo marfil con los medallones llenos con una trama sin fin, típica de la tribu, empleada en varios ejemplos notables publicados, en los que cubre la totalidad del campo. Aquí, este diseño, de manera absolutamente única, aparece solamente en los medallones con su brillante policromía y los transforma en tres "ventanas" hacia esa otra dimensión que se encuentra en un plano más profundo. El campo está poblado espontáneamente por la variedad de la iconografía tribal: "árboles de la vida", *boteh*, diez gallinas, un camello a franjas, animales, personajes, y "aves guardianas de la lluvia". Aquí, pese a la enorme cantidad de motivos, cada uno de ellos puede distinguirse con claridad. Las magníficas guardas, los cuatro ángulos compuestos de líneas multicolores y las terminaciones bordadas formadas por "V" escalonadas enmarcan una pieza excepcional de tejido muy fino, y de un cuidadísimo diseño, que, sin embargo, conserva su encanto tribal.

Various examples similar to this rare Ainalu figurative rug have been published. All of them have very definite ands constant characteristics: the lines of riders, gazelles and cypresses, are all uncommonly realistically rendered, considering it is a tribal rug. The positions of the motifs are intriguing: while the more recognisable riders and the leaping gazelles are in the expected upright position, the cypress trees and smaller and less-defined gazelles are lying down. Between the horses' legs, small creatures adorned with spots look like tortoises. An abundance of flowers, small quadrupeds and abstract designs reminiscent of the *gol farang* fill the spaces between the lines of the main figures. These are shown in perspective: the horses are rendered with a partial front view that shows they have ornaments on their chests. A magnificent main border completes a design that, according to scholars, has been adopted and modified by tribal weavers, based on old 'hunting carpets' of the Zand period. This rug was previously part of the Kossow Collection.

Se han publicado varios ejemplos similares a esta extraña alfombra figurativa, todos ellos de características muy definidas y constantes: filas de jinetes, gacelas y cipreses notablemente realistas, a pesar de tratarse de una alfombra tribal. Es intrigante la posición de los motivos: mientras los jinetes y las gacelas más reconocibles, en actitud de salto, están orientados en el sentido que esperaríamos, los cipreses y gacelas más pequeñas y menos definidas están acostados. Entre los pies de los caballos, unos pequeños seres adornados con lunares semejan... ¡tortugas! Una plétora de flores, pequeños cuadrúpedos y diseños abstractos reminiscentes del *gol farang* llenan los intersticios entre las líneas de figuras principales. Éstas están representadas en perspectiva: observemos los caballos; sus adornos en el pecho se nos muestran de frente. Una magnífica guarda principal completa el diseño, el cual, según expertos, ha sido adoptado y modificado por tejedoras tribales a partir de antiguas "alfombras de cacería" del periodo Zand. Esta pieza perteneció previamente a la Colección Kossow.

104. KHAMSEH – AINALU
2.63 x 1.75 m
Late 19th century | Finales del siglo XIX

105. KHAMSEH
2.63 x 1.88 m
Dated AH 1340 and 1344 (1921 and 1925) | Fechada AH 1340 y 1344 (1921 y 1925)

An exceptional piece, very likely woven for a special occasion. I do not know of any published analogies. The square frame in the centre refers to Khamseh rugs of 'garden design', but differs from those in its renderings of cypress trees or shrubs. Here there are four people that have something to say to us. In their hands they have plants of differing kinds. Their clothes are carefully detailed, as are their headdressaes and their hands – even their ears! Between them there is a cruciform area filled with elaborate birds, flowers and plants. To the lushness of the garden is added a central hexagonal medallion that stands out in white; it represents a water fountain, from where irrigation ditches, in the form of red and white lines, flow to water the plants and flowers. Shown prominently on the fountain are two dates, this being a rare feature in south Persian tribal rugs. It supports the opinion that this rug was woven to commemorate a particular event. The central square has a distinctive and atypical ivory frame adorned with multi-coloured rectangles that lends character and strength to the design.

Una pieza excepcional, seguramente tejida para una ocasión especial. No conozco ejemplos similares publicados. El marco cuadrado central remite a alfombras Khamseh de "diseño de jardín", pero, a diferencia de aquéllas, con representaciones de cipreses o arbustos, aquí hay cuatro personas que tienen algo que decirnos. Ellas sostienen en sus manos distintos tipos de plantas y están cuidadosamente detalladas en la ornamentación de sus ropas, sus tocados en la cabeza, sus manos, y hasta… ¡sus orejas! Entre ellas, el área cruciforme se llena de elaboradas aves, flores y plantas. Al exuberante jardín se suma el medallón central hexagonal, que resalta en blanco, como una fuente de la cual surgen acequias, representadas por líneas rojas y blancas que irrigan plantas y flores. En esta ubicación tan destacada hay dos fechas, algo poco habitual en alfombras tribales de sur de Persia, lo que refuerza la idea de que la pieza se tejió para conmemorar un evento. El distintivo y atípico marco blanco, adornado con rectángulos multicolores, aporta carácter y potencia al diseño.

106. KHAMSEH
2.24 x 1.54 m
Late 19th century | Finales del siglo XIX

I know of only one published example similar to this Khamseh rug.[33] That rug has some different characteristics but the same design layout: lines of parading male figures alternating with confronting lions. Here, the traditional 'Imperial Lion' with the rising sun on its back has atypical features: the sun is rendered with a few lines that make it barely recognisable, and an odd device seems to support the lion's arm holding a sword. The field between the characters is tightly filled with an amazing repertoire of geometric and figurative motifs: animals and birds of elaborate design or very linear stylisation; an amphora; stylised plants among the heads and legs of the men on the lower line; an array of rare elements in the lower left corner; and, most surprisingly for inhabitants of desert areas, fish are included, placed on each side, next to the borders. The difference in height of the human figures in the lower and upper lines does not appear to be due to different categories or ages, but rather to the weaver making changes according to the available space. Special attention was taken by adding red to the fingernails. The borders are atypical: the distinctive external one consists of a yellow 'Greek guard'; the primary one is an adaptation of the *gol farang* motif, which in its original versions represents a bunch of flowers, and here conserves the palette and allusions in its forms. However, owing to its extreme abstraction, this is a unique example (see also page 139).

Conozco solamente un único ejemplar publicado[33] que, con algunas características diferentes, responde al mismo diseño general: filas alternadas de personajes masculinos desfilando y pares de leones enfrentados. El habitual león imperial con el Sol en el lomo nos muestra aquí rasgos atípicos: el astro, apenas reconocible, está sintetizado en unas pocas líneas, y un extraño soporte parece sustentar el brazo en alto del león que sostiene la espada. El campo entre los personajes se llena apretadamente con un repertorio asombroso de motivos geométricos y figurativos: animales y aves de elaborado diseño o gran síntesis lineal; un ánfora; formas vegetales estilizadas entre las cabezas y las piernas de los hombres de la fila inferior; un extraño conjunto de elementos, en el ángulo inferior izquierdo, y las criaturas más asombrosas para estos habitantes de zonas desérticas: ¡peces!, ubicados a ambos lados, cercanos a los bordes. La menor altura de los personajes en las filas inferior y superior no parece deberse a diferentes categorías o edades, sino a cambios hechos por la tejedora según el cálculo del espacio disponible; ella puso especial dedicación en graficar con rojo las uñas de las manos. Los bordes son únicos: el externo está compuesto por una guarda denticulada en amarillo, fuera de todos los ejemplos conocidos; el mayor consiste en una derivación del *gol farang* que, en sus versiones originales, representa un ramo de flores, y que aquí conserva su paleta y las alusiones a sus formas, pero, debido a su extrema abstracción, constituye asimismo un ejemplo único (ver página 139).

Pages 178 and 179 overleaf: PEOPLE; pages 180, 181, 182 and 183: ANIMALS
En páginas siguientes 178 y 179: PERSONAJES; en páginas 180, 181, 182 y 183: ANIMALES

BOTEH DESIGN RUGS

The *boteh* motif, widely used in many parts of the Orient, is very ancient; it probably originated in the form of a cypress, a tree that had magical and religious attributes. It consists of an oval form that narrows in its upper part, while the top curves towards one side. It was adopted by various tribes, evolving into many different styles – so much so that it is rare to find a Fars rug that does not include *boteh* in one of its renditions. The appeal and charisma that this design obtained in different cultures and through the ages is remarkable, persisting even to this day. It is still a classic motif that every so often comes into fashion for decoration and for clothing.

ALFOMBRAS CON DISEÑO *BOTEH*

El diseño *boteh*, de enorme difusión en numerosas tierras de Oriente, es de antigua data. Probablemente se originó en la forma de un ciprés, árbol con atributos mágicos y religiosos. Básicamente, se trata de una forma ovalada que se afina hacia su parte superior y cuyo tope se curva hacia uno de los lados. El *boteh* fue adoptado por diversas tribus y evolucionó hacia muy diversas estilizaciones. Tanto es así que es poco probable encontrar alfombras de Fars que no incluyan este motivo representado con alguno de sus estilos. Son notables la atracción y el carisma que este diseño obtuvo en diversas culturas y a lo largo de las épocas hasta llegar a la nuestra, en que sigue siendo un motivo clásico que permanece y, eventualmente, se pone de moda en las áreas de la decoración y la indumentaria.

107. KHAMSEH
1.82 x 1.38 m
Late 19th century | Finales del siglo XIX

The Khamseh rug in Plate 107 shows an ivory background, with heavily geometricised *boteh*, where everything is resolved with straight lines. Between them, the tribe's characteristic chickens peck at will. The beautiful Kashkuli Qashqa'i rug pictured in Plate 108 must, in its day, have gleamed jewel-like with its magnificent natural colours on an ivory background of undyed wool. We are admiring a garden: the elaborate *boteh* formed by garlands of flowers called *Qobad Khan*i have larger flowers in their centre. Some of these, strangely, become independent, forming a line at each end of the field. This is a true garden filled by compact groups of flower heads, seen from above. Eight peculiar *boteh* with red centres are found on the sides; close to them we see an animal and a female figure, probably the weaver's signature. The narrow border system suggests an early date for this example. It is incredible to comprehend the magnificence that the weaver achieves on this small piece with such meagre design elements. There can be no doubt that, in its original state, it must have been an object of immense importance.

108. QASHQA'I – KASHKULI
1.74 x 1.11 m
Last quarter 19th century | Último cuarto del siglo XIX

El ejemplar 107 nos presenta, sobre campo marfil, *boteh* extremadamente geométricos, todo se resuelve con líneas rectas. Entre ellos, picotean a sus anchas las gallinas características de la tribu. La preciosa alfombra 108, en su época de esplendor, debe de haber lucido como una joya con sus magníficos colores naturales sobre fondo marfil de lana sin teñir. Estamos contemplando un jardín: los elaborados *boteh* formados por guirnaldas de flores, llamados *Qobad Khani*, contienen en su centro grandes flores; algunas de éstas, extrañamente, se independizan, formando una fila en cada extremo del campo, un verdadero jardín, adornado por compactos macizos de corolas, visto desde arriba. Ocho raros *boteh* con centro rojo se instalan en los laterales; cerca de ellos vemos, a cada lado, un animal y una figura femenina, quizás la firma de la tejedora. Las guardas angostas sugieren una datación antigua. Uno no deja de asombrarse de la magnificencia que la tejedora tribal logra en esta pequeña pieza con tan limitados elementos de diseño. Sin duda se trató en su origen de un objeto de la mayor importancia.

109. KHAMSEH
2.01 x 1.63 m
Early 20th century | Inicios del siglo XX

Although the *boteh* was originally a motif shaped with sensual and sinuous curves, in these two Khamseh examples it is given a highly stylised form consisting solely of straight lines. In the rug shown in Plate 110, the field is much more saturated with small motifs, and the animal kingdom is only represented by chickens. The traditional *bazu-bandi* (armlet) main border of the Khamseh tribes has the classical design, while in the rug illustrated in Plate 109, the vertical sections of this same border design show a more rectangular geometrical rendering, while the only animals present are quadrupeds. The *boteh* in both pieces offer interesting colour variations and have their tips adorned with a minute red *boteh*. The same motif appears profusely in the field, as bird's wings, and even in the primary borders.

110. KHAMSEH
2.14 x 1.40 m
Late 19th century | Finales del siglo XIX

Los *boteh*, que en sus orígenes eran formas de curvas sensuales y sinuosas, en estos ejemplos están estilizados, exclusivamente, por líneas rectas. En la alfombra 110 el campo aparece mucho más saturado por pequeños motivos, el reino animal está representado solamente por gallinas. La guarda principal *bazu-bandi* (brazalete), tradicional de las tribus Khamseh, tiene el tratamiento clásico, mientras que, en la alfombra 109, conserva las características tradicionales en los lados cortos, pero adquiere una geometría de líneas y ángulos rectos en los tramos verticales. Aquí los únicos animales son cuadrúpedos. En ambas piezas, los *boteh* ofrecen interesantes variaciones de colores y se adornan con un diminuto *boteh* rojo en su punta. El mismo motivo aparece profusamente en el campo, como alas de las aves, y aun en las guardas principales.

111. AFSHAR
1.73 x 1.41 m
Early 20th century | Inicios del siglo XX

112. AFSHAR
1.80 x 1.20 m
First quarter 20th century | Primer cuarto del siglo XX

These three pieces were woven by women of the Afshar tribe. In all of them the *boteh* occupy the entire field. In the rugs illustrated in Plates 111 and 112, due to the near hexagonal shape of the motifs the field is transformed into an allover honeycomb pattern; on both pieces the interior of the *boteh* is decorated with flowering plants. The arrangement of colours of the motifs is different in each one. The rug in Plate 111 shows the colours of the *boteh* arranged in diagonal lines. In Plate 112, the different colours are disposed randomly, while in rug in plate 113, they are arranged in a concentric design forming different coloured diamonds, and the *boteh* show protrusions in their borders. A similar treatment is to be found in rugs from the Caucasus, where these motifs are called 'flaming *boteh*'. Some authors assign mystical connotations to these representations.

Estas tres alfombras fueron tejidas por mujeres de la tribu Afshar. En todas ellas los *boteh* cubren prácticamente la totalidad del campo, que en aquellas ilustradas en la página 190, debido a la forma casi hexagonal de los motivos, se ve como una trama de panal de abejas. En ambas piezas los interiores de los *boteh* se adornan con plantas florecidas. El ordenamiento de los colores de los *boteh* es diferente en cada ejemplar. La alfombra 111 presenta líneas diagonales de motivos del mismo color; en el ejemplo 112, los diferentes colores se disponen aleatoriamente, y en el 113, se ordenan en forma concéntrica, formando rombos, y los *boteh* presentan prolongaciones en sus bordes. Un tratamiento similar es frecuente en alfombras del Cáucaso, y recibe el nombre de "*boteh* llameantes"; algunos autores otorgan connotaciones místicas a estas representaciones.

113. AFSHAR
1.60 x 1.20 m
First quarter 20th century | Primer cuarto del siglo XX

114. AFSHAR
2.50 x 1.64 m
First quarter 20th century | Primer cuarto del siglo XX

Both these *boteh* rugs were woven more recently than most of the others shown in this book. They give the impression of being genuine tribal rugs of naïve design, though their palettes are notably different: Plate 114 has saturated colours that stand out, particularly in the primary border, while the piece shown in Plate 115 has a neutral palette. The motifs of each rug differ mainly in the formal interior treatment. On both pieces the boteh show at their base a group of lines resembling roots. Curiously enough in the latter rug, between the two lower lines the weaver left 'roots' floating without their *boteh*.

115. KHAMSEH (?)
2.30 x 1.60 m
First quarter 20th century | Primer cuarto del siglo XX

Estas dos alfombras, tejidas en épocas más recientes que la mayoría de las presentadas en este libro, nos dan la sensación de piezas genuinamente tribales de concepción simple. La paleta de ambas es notablemente diferente, la de la página 192 luce colores saturados que se destacan particularmente en la guarda principal. El ejemplar de la página 193 se limita a una paleta neutra. Los *boteh* de una y otra difieren principalmente en su tratamiento formal interior. Estos *boteh* presentan, en su base, un conjunto de líneas a manera de raíces. Curiosamente, en la alfombra 115, entre las dos filas inferiores, la tejedora dejó "raíces" flotando sin sus *boteh*.

116. QASHQA'I
3.20 x 2.20 m
First quarter 20th century | Primer cuarto del siglo XX

117. QASHQA'I
2.75 x 1.90 m
First quarter 20th century | Primer cuarto del siglo XX

Both the Qashqa'i rugs in Plates 116 and 117 show a profusion of small *boteh* in the field. In the example illustrated in Plate 116, polychrome *boteh* stand out on the midnight-blue background and in the lateral 'half medallions'. In Plate 116, the decoration of the main border consists in an endless succession of confronting paired *boteh*. These maintain their vertical position even in the end sections. The Khamseh rug in Plate 118 is an interesting and rare example of 'mixed' design, where the classic column of medallions coexists with geometric *boteh* that are in groups of three in each section of the field, adapting their direction and size so as to fit tightly, occupying all available space. In the central medallion, in the most prominently displayed position, the only four chickens on the whole rug leave us in no doubt as that the weaver belongs to a Khamseh group.

Las dos alfombras de la página 196 nos presentan profusión de pequeños *boteh* en el campo. En el ejemplar 116, los *boteh* policromos se lucen en el fondo azul noche y ocupan los medios medallones laterales. En la pieza 116, la guarda principal es una infinita sucesión de pares de *boteh* enfrentados que conservan su orientación vertical aun en los tramos de los extremos. La alfombra 117 es un interesante y poco común ejemplo de diseño "mixto" en el que coexiste la clásica columna de medallones con *boteh* geométricos que se acomodan en grupos de tres en cada sección del campo, hasta ocupar ajustadamente todo el espacio disponible, adaptando su orientación y tamaño para lograrlo. En la ubicación de mayor importancia, en el medallón central, las únicas cuatro gallinas en toda la alfombra impiden que dudemos sobre a qué tribu pertenece la tejedora.

118. KHAMSEH
2.24 x 1.45 m
Early 20th century | Inicios del siglo XX

119. KHAMSEH
2.72 x 1.50m
Late 19th century | Finales del siglo XIX

120. QASHQA'I
3.00 x 1.95 m
First quarter 20th century | Primer cuarto del siglo XX

The Khamseh rug in Plate 119 shows a glowing golden yellow main border, with colours that stand out from the rest of the rug, decorated with the *char boteh-stareh* (four-*boteh* star) motif, symbolising the four phases of the moon and the sun. The ivory frame, full of small bicoloured diamonds, together with the dark field, generates two planes that produce a sense of depth, where the ivory medallions look as if they are floating. The Qashqa'i rug in Plate 120 has as its main subject five large and elaborate *boteh*. These are called 'eagle *boteh*'; their superior finishing suggests the shape of a head, with a beak from which an additional *boteh* appears. Plate 121 shows a very old and extraordinary Khamseh example with a 'primitive' flavour. The field is densely filled with heavily abstracted geometric *boteh*, decorated with others also formed by straight lines, plus a large number of smaller *boteh*. The motifs are arranged by colour in offset vertical columns forming steep diagonals. This piece shows features that are particularly interesting: the stepped frame, the arrays of animals and amulets on the right of the field and the animals that fill the narrow left upper *boteh*. Unlike what we observe in other examples, where the motifs become more compressed as the weaving advances upwards, here the opposite occurs; the *boteh* lengthen as they ascend. The ones on the lower rows are decorated with what could be interpreted as feminine figures whose heads are *boteh*!

En la Khamseh 119 la guarda principal, de brillante amarillo dorado, luce sus colores, destacándose del resto de la alfombra; en ella encontramos el motivo *char boteh-stareh* (cuatro *boteh*-estrella), que simboliza las cuatro fases de la Luna y el Sol. El marco marfil, lleno de pequeños rombos bicolores, y el campo oscuro producen un efecto de profundidad generado por dos planos; en el campo flotan los medallones claros. La alfombra 120 tiene como protagonistas cinco grandes y elaborados *boteh*. Éstos son los llamados "*boteh* águila", su terminación superior sugiere la forma de la cabeza y el pico, y, de éste, aun se desprende otro pequeño *boteh*. En la muy antigua y fuera de lo común alfombra 121, plena de sabor "primitivo", el campo aparece densamente cubierto por *boteh* de fuerte abstracción geométrica, que contienen otros, igualmente formados por líneas rectas, además de numerosos *boteh* más pequeños. Hay un ordenamiento de colores de los motivos formando diagonales de pronunciada pendiente. Son particularmente interesantes el marco escalonado, los temas de animales y amuletos en el lado derecho del campo y los animales que pueblan el angosto *boteh* superior izquierdo. A diferencia de lo que observamos en otros ejemplos, en los que los motivos se comprimen hacia arriba al avanzar el tejido, aquí sucede lo contrario: los *boteh* se alargan a medida que ascienden. Los de la fila inferior están decorados con lo que podríamos interpretar como figuras femeninas cuyas cabezas son…¡*boteh*!

121. KHAMSEH (?) AFSHAR (?)
1.66 x 1.23 m
Mid-19th century | Mediados del siglo XIX

122. KHAMSEH
2.01 x 1.74 m
Early 20th century | inicios del siglo XX

In the four corner spandrels of the Khamseh rug illustrated in Plate 122 we find the *boteh* design called *Qobad Khani*, resembling a wreath of flowers. This also appears in the field, where *boteh* form a pattern within which it is not easy to distinguish one motif from the other. This is an example of a 'rug within a rug', where the interior panel is complete with borders, medallion and field all showing quite different motifs from those found on the larger framing 'rug'. In the Qashqa'i example pictured in Plate 123, the same type of *boteh* modifies its traditional curved form, to become a rectangle. There are very few published examples of this adaptation of the *boteh* motif. Where the design and available space require it, the weaver adapts the shape, cutting a corner of the rectangle with a diagonal line. The three medallions are enhanced by a very beautiful stylisation of the 'Qashqa'i emblem'. The 'butterfly' main border in ivory stands out in a rug where saturated tones predominate, especially burgundy, deep red, golden yellow and luminous blue.

123. QASHQA'I – KASHKULI (?)
2.93 x 1.93 m
Late 19th century | Finales del siglo XIX

La alfombra 122 presenta en sus ángulos el diseño de *boteh* llamado *Qobad Khani*, semejante a una guirnalda de flores; éste aparece en los cuatro ángulos y en el campo, en donde forma una trama en la que no es fácil distinguir cada elemento individual. Éste es un ejemplo de diseño de "alfombra dentro de alfombra", en el que la interior se muestra completa con sus bordes, medallón y campo, todos ellos con motivos diferentes de los de la "alfombra" que la rodea. En el ejemplar 123, el mismo tipo de *boteh* modifica su forma tradicional curva por líneas rectas que lo transforman en un rectángulo. Son escasos los ejemplos publicados con esta adaptación del motivo *boteh*. En donde el diseño y el espacio disponible lo requieren, la tejedora modifica la forma, seccionando el rectángulo con una diagonal. En el centro, tres medallones se ven realzados por una bella estilización del "emblema Qashqa'i". La guarda principal "de mariposas", color marfil, se destaca en una pieza con predominio de tonos saturados, especialmente el berenjena, el rojo profundo, el amarillo dorado y el intenso azul.

124. KHAMSEH
1.94 x 1.64 m
Early 20th century | Inicios del siglo XX

These two Khamseh examples belong to a class of rugs with waht is called the 'Pregnant *Boteh*' or 'Mother and Child *Boteh*' design. The reason is self-evident: the main *boteh* motifs contain smaller ones and, in some examples, these contain other miniature *boteh*. In other words, they are like Russian dolls. In both rugs the dark fields almost disappear, obscured by the density of the motifs, whose horizontal lines finish alternately to the left and right. Whereas the rug in Plate 124 presents its main *boteh* organised diagonally according to their colour, in the example illustrated in Plate 125 the colours are disposed randomly. In this rug, the deep burgundy colour is notable, and the ivory border is beautifully decorated with flowers.

125. KHAMSEH
1.80 x 1.52 m
Late 19th century | Finales del siglo XIX

Estos dos ejemplares pertenecen a la familia de las llamadas "alfombras de *boteh* preñado" o "de *boteh* de madre e hijo". La razón es evidente. Los motivos *boteh* principales contienen en su interior otros más pequeños, y algunos éstos, a su vez, contienen otros *boteh* diminutos, como sucede en las muñecas rusas. En ambas alfombras, los campos oscuros casi desaparecen, cubiertos por la densidad de los motivos cuyas filas horizontales orientan sus terminaciones alternadamente a izquierda y derecha. Mientras la alfombra 124 presenta sus *boteh* principales ordenados diagonalmente, según su color, en la 124 sus colores se distribuyen aleatoriamente. En ésta son notables el color berenjena y la muy bella guarda blanca decorada con flores.

126. KHAMSEH
2.01 x 1.36 m
Late 19th century | Finales del siglo XIX

This Khamseh rug, probably woven by a member of the Ainalu or Baharlu tribes, is a showcase of atypical motifs. In the upper medallion, the cruciform element is composed of four very stylised *boteh*, formed with straight lines made up of minuscule light-blue squares that include dark points within them. Three similar *boteh* float freely in the lower medallion. In the central medallion, towards the sides, we find a remarkably realistic representation of two honeybees.[34] With this motif identified, we can find four more of them, almost imperceptibly appearing in the lower medallion and filling the lower part of the field. There, where the weaver begins her work, stand four midnight-blue chickens that look as if they are the guardians of the garden. Above the lower medallion, the field is transformed in a ravishing garden of coloured bushes. But where the rug acquires uniqueness is in the background of the field, where the weaver, on the undyed ivory wool, does the meticulous work of multi-colour pointillism applied knot by knot, taking special care to maintain in ivory the knots next the motifs, in order to avoid losing the clarity of their contours. The exquisite polychrome of the innermost stepped frame, and the four narrow borders of the same design but with changing colours, complete this exceptional piece.

Esta alfombra, probablemente obra de una tejedora de las tribus Ainalu o Baharlu, es un verdadero muestrario de elementos de diseño atípico. En el medallón superior, el elemento cruciforme es un conjunto de cuatro *boteh*, sumamente estilizados, de líneas rectas formadas, a su vez, por pequeños cuadrados celestes que incluyen puntos oscuros en su interior. El mismo motivo aparece como tres *boteh* flotando libremente en el medallón inferior. Dentro del medallón central, hacia los lados, encontramos la representación asombrosamente realista de dos abejas;[34] una vez identificado este motivo, podemos encontrarlo, aunque menos reconocible, cuatro veces en el medallón inferior y poblando la sección más baja del campo; allí la tejedora inicia su trabajo con cuatro gallinas azul noche que parecen ser las guardianas del jardín. Hacia arriba del medallón inferior, el campo se transforma en un maravilloso jardín de arbustos coloridos. Pero donde la pieza adquiere un carácter único es en el fondo del campo, en el que la artista, sobre la base color marfil, de lana sin teñir, se permite el minucioso trabajo de puntillismo multicolor aplicado nudo por nudo, cuidando de mantener en marfil los nudos cercanos a los motivos para que no se desdibujen sus contornos. La exquisita policromía del marco interior escalonado y las cuatro guardas angostas de igual diseño y colores variados completan esta obra excepcional.

Pages 206 and 207 overleaf: *BOTEH* DESIGNS
En páginas siguientes 206 y 207: DISEÑOS *BOTEH*

NEVELSON
BERNINI
CHAGALL
THE JEWISH WORLD
ISLAM
Willi Sitte Gemälde
KUNSTHALLE BERLIN
Ray
PAINTED BODIES
EQUATOR
Moroccan Interiors
UNIVERS CC
THE RED SEA
EL MUNDO

THE 'ARAB JINNI' RUG

This fascinating rug makes an immediate impression on whoever sees it: the glow of the wool, the sumptuous palette with its lively and saturated colour combination, and the density of fabulous characters create an almost hypnotic atmosphere, compelling us to give the rug careful scrutiny. We marvel as we discover the different personages and animals depicted, above all admiring the imagination that the weaver displays when representing the diverse and enormous supernatural birds. The splendid colouring encompasses the field and its inhabitants, as well as the magnificent border system.

LA ALFOMBRA "ARAB JINNI"

Este fascinante ejemplar produce una impresión inmediata en quien lo ve personalmente. El brillo de su lana, la opulenta paleta, con su vívido y saturado colorido, y la densidad de personajes fantásticos crean una atmósfera casi hipnótica, que invita a recorrerla con la vista y maravillarse continuamente con el descubrimiento de los personajes, los animales y, por sobre todo, la imaginación que la tejedora despliega en las diversas y enormes aves sobrenaturales. El espléndido colorido abarca tanto el campo y sus habitantes como el magnífico sistema de bordes.

127. KHAMSEH – 'ARAB JINNI'

2.15 x 1.57 m

Late 19th century | Finales del siglo XIX

This rare rug is the oldest of a small family of pictorial rugs of which only three are known. They are called 'Arab Jinni' because they were woven by members of the Arab tribes of the Khamseh Confederation. The word *Jinni* means 'of genies'. It refers either to an unknown sub-tribe or, more likely, to the mystical and fantastical character of the world of the characters that inhabit the rugs. This rug comes down to us shrouded in mystery regarding the people who produced it and the meaning of its symbols. There is no doubt that, given its careful design and quality, it was of major importance. It was published for the first time in 1982, in a Lefevre auction catalogue,[35] and then, later, in other media. It was described by Cyrus Parham, the South Persian tribal rug expert and collector, in his book *Tribal and Village Rugs from Fars*,[36] and again in a thoughtful article he published in *Oriental Rug Review*.[37] In his *Masterpieces of Fars Rugs*, Parham cites it as part of the Kossow Collection in Germany, at that time probably the most important Western private collection of Fars pieces. He considers it 'one of the greatest marvels of Fars rug making, the most remarkable and immensely prized and astonishing "Arab Jinni" figurative rug'.[38] Parham recognises only one other example related to this piece, of a later generation and a very different layout. I have recorded another published specimen that appears to be derived from the one illustrated here, in that it shows the same motifs, but with somewhat distorted representations.[39] The present rug excels in its painstakingly rendered design, the brilliant and harmonious palette of velvety wool, the skill of its execution and, overall, the imagination and boldness of its design repertoire. The magnificent guard system glows with vermilion and madder red colours side by side, and with two shades of blue, one more violet, the other more turquoise. It is amazing and admirable that this richness, subtlety and intensity are obtained from dyes originating from natural sources. The people and creatures that inhabit this piece of art will be analysed in the following pages.

Esta alfombra única es la más antigua de una reducidísima familia de tres ejemplares conocidos, las así designadas alfombras figurativas "Arab Jinni", o sea, tejidas por miembros de las tribus Arab de la Confederación Khamseh, más la designación de "*Jinni*", correspondiente a "De genios", que se refiere a una ignota subtribu o, más probablemente, al carácter místico y fantástico del mundo de personajes que las pueblan. Esta pieza llega hasta nosotros envuelta en misterio acerca de las gentes que la produjeron y del significado de su simbología. De lo que no hay duda, por el cuidado y calidad de su ejecución, es de que se trató de un objeto de la mayor importancia. El estudioso de las alfombras tribales del sur de Persia Cyrus Parham la describió en principio en su libro *Tribal and Village Rugs From Fars*[35] y, especialmente, en un liminar artículo publicado en *Oriental Rug Review*.[36] Apareció por primera vez en 1982, en un catálogo de Lefevre,[37] y, posteriormente, en otros medios. En su obra *Masterpieces of Fars Rugs*, Parham la identifica integrando la colección privada más importante de alfombras de Fars – la Colección Kossow, en Alemania – y la considera "una de las supremas maravillas de las alfombras producidas en Fars, la más notable, de inmenso valor y asombrosa".[38] Este autor reconoce, solamente, otro ejemplo relacionado, de una generación posterior y muy diferente en su planteo. Personalmente he registrado otro espécimen publicado que aparenta ser un derivado de esta pieza, por tener iguales motivos, pero representados de manera distorsionada.[39] Esta alfombra se impone por su diseño, esmeradamente interpretado, la paleta brillante y armoniosa de su lana aterciopelada, la maestría de su ejecución y, sobre todo, por la imaginación y audacia del repertorio de sus diseños. El sistema de guardas es magnífico, resplandece con la yuxtaposición de rojos bermellón y *madder* y dos tonos de azul, uno más violáceo y otro más turquesa. Es para el asombro y la admiración que esta riqueza, sutileza e intensidad estén logradas solo a partir de tintes que se encuentran en la naturaleza. Los seres que habitan esta obra de arte van a ser analizados en las páginas siguientes.

The King

The main figure in the Arab Jinni rug represents the person to whom this piece was dedicated, or who commissioned it. He is sitting on a throne, almost forming a unit with a lion. The rendering shows a rare characteristic among the tribal rugs: it appears in perspective. This can be appreciated in the entire image and even in the diagonal posture of the foot that rests on the floor. His central position, his immense hands and feet, his relaxed attitude with his legs crossed and one hand languidly resting on the finely worked arm of the throne, his splendid headdress around his neck and his fine garments – all indicate power. Between his disproportionate fingers he holds a delicacy: could it be a cherry? He is the only unshod character; possibly the weaver could not depict shoes large enough to fit his enormous, powerful feet, with toes and nails carefully detailed. But the King has four arms! Parham attributes the origin of this surreal characteristic to the influence of the four-winged 'genie', sculpted in relief at the ruins of Pasargadae, corresponding to the Persian Empire of the sixth century BC.[40] The nomad tribes, over centuries, migrated and established their summer camps close to these imposing monuments, and probably borrowed part of their iconography from them. These extraordinary figures are present in even older representations of 'genies' originating in the Assyrian Empire.[41] We can conclude, along with Parham, that when contemplating this rug we are in the presence of a unique witness of the evolution of motifs created by extinct civilisations, honoured over the ages. Over time these symbols underwent alterations, reinterpretations, abbreviations and – inevitably since they were adopted by tribal weavers – improvisations.

El Rey

El personaje central representa a quien está dedicada esta pieza, o a quien la encargó. Está sentado sobre un trono, formando casi una unidad con un león, y presenta una característica rara entre las alfombras tribales: está planteado en perspectiva; ésta se aprecia en el conjunto y hasta en la diagonal en la que fuga el pie que apoya en el suelo. Su ubicación central, sus manos y pies inmensos, su actitud distendida, con una pierna cruzada sobre la otra y una mano relajadamente apoyada sobre un brazo del elaborado trono, el espléndido adorno que rodea su cuello y sus ricas vestiduras, todo nos habla de su poder. Entre sus dedos desmesurados sostiene con delicadeza ¿una cereza? Es el único personaje descalzo, quizás no se hubiesen podido representar los zapatos capaces de albergar esos pies enormes, poderosos, con sus dedos y uñas cuidadosamente detallados. Pero el Rey tiene ¡cuatro brazos! Parham atribuye el origen de esta característica fantástica y potente a la influencia del "genio" de cuatro alas, esculpido en relieve en las ruinas de Pasargada, correspondientes al Imperio Persa, siglo VI a. C.[40] Las tribus nómadas, durante centurias, en sus migraciones pasaban o establecían sus campamentos de verano cerca de estos monumentos imponentes, y de ellos probablemente tomaron parte de su iconografía. Estos seres fantásticos están presentes en representaciones aún más antiguas de "genios", provenientes del Imperio Asirio.[41] Podemos concluir con el autor nombrado en que, al contemplar esta alfombra, estamos ante un testigo único de la evolución de motivos creados por civilizaciones extintas, que fue honrado a lo largo del tiempo y que en su transcurso también sufrió alteraciones, reinterpretaciones, abreviaciones y, como no podía ser de otra forma tratándose de tejedoras tribales, improvisación.

The King's Retinue

With their rich garments, these figures on the Arab Jinni rug appear to form part of the King's retinue, and with their balanced distribution they organise the whole composition. The person centrally located, close to the King, stands out; while the rest form up in three lines, he is placed higher, with his arm raised and a large hand that undoubtedly signifies his power. A single feminine figure with a stylised face is found high up and in the centre. Very close to her, some exceptionally dainty feet and the lower part of some clothing make evident an unfinished figure. This type of feature in the upper part of rugs tends to result from a weaver's error regarding the available space, which is difficult to reconcile on a piece that is so carefully designed.

Los personajes de la corte del Rey

Con sus ricas vestiduras, parecen formar la corte del Rey, y con su distribución equilibrada organizan el conjunto. Se destaca el personaje en posición central cercano al soberano; mientras los demás se alinean en tres filas, éste se eleva, con un brazo en alto y una gran mano, que lo distingue y que sin duda es un atributo de poder. Una única figura femenina con su rostro más estilizado se muestra en lo alto y al centro. Muy cerca de ella, unos minúsculos pies y la parte baja de la vestimenta atestiguan a un personaje inconcluso. Este tipo de situaciones en la parte superior de las alfombras suelen corresponder a un error de cálculo de la tejedora, algo difícil de conciliar en una pieza tan cuidadosamente diseñada.

The Lions

The five specimens of the Persian Imperial Lion placed symmetrically on the Arab Jinni rug as symbols of the sovereign's power have their faces designed in pleasingly different ways. The two upper lions use only vertical lines, the lower two combine horizontal and vertical lines, and the central one sports oddly polychromatic features, looking more like a monkey's face. Their bodies are covered with fine pointillism obtained knot by knot, the large tails fitted into the surrounding designs. They all are holding swords and, on their backs, the suns have human-like faces. Once again the boundaries between the real and the imagined worlds have become blurred.

Los leones

Los cinco ejemplares del León Imperial de Persia dispuestos simétricamente, como atributos del poder del soberano, presentan el diseño gráfico de sus caras tratado en formas diferentes y admirables: los dos leones superiores, solamente sobre la base de líneas verticales; los inferiores, con líneas horizontales y verticales, y el central, con una rara policromía, semeja más la cara de un mono. Los cuerpos se cubren de un fino puntillismo logrado nudo a nudo, las grandes colas se acomodan al diseño que las rodea. Sosteniendo una espada y sobre su lomo, el Sol, representado con una cara igual a la de los humanos, acerca, una vez más, los mundos de lo real y lo fantástico, que aquí diluyen sus límites.

The Ibexes

These animals with long horns appear in similar form in some other non-pictorial rugs that Cyrus Parham attributes to the 'Arab Jinni'. On this piece they are presented in different attitudes: realistic, with large eyes and friendly facial expressions that appear to be laughing, they are very different to the birds with their aloof, even menacing, attitude.

Los íbices

Estos animales de largos cuernos están representados de similar manera también en algunas alfombras sin personajes humanos, a las que Cyrus Parham aplica la atribución "Arab Jinni". Se nos presentan en distintas actitudes; realistas, con grandes ojos y semblantes amigables, casi sonrientes, muy distintos a la actitud hierática y hasta amenazante de las aves.

The Birds

It is in the variety of birds that the artist who conceived this Arab Jinni piece truly displays boundless freedom, creativity and idealism. Here we encounter a fantastical world that challenges any description we might attempt to make. Let us just contemplate it and enjoy it.

Las aves

Es en la variedad de aves donde la artista que concibió esta pieza despliega una desbordante imaginación, fantasía y libertad. Aquí hay todo un mundo fantástico que desafía toda descripción que podamos hacer. Disfrutemos de su contemplación…

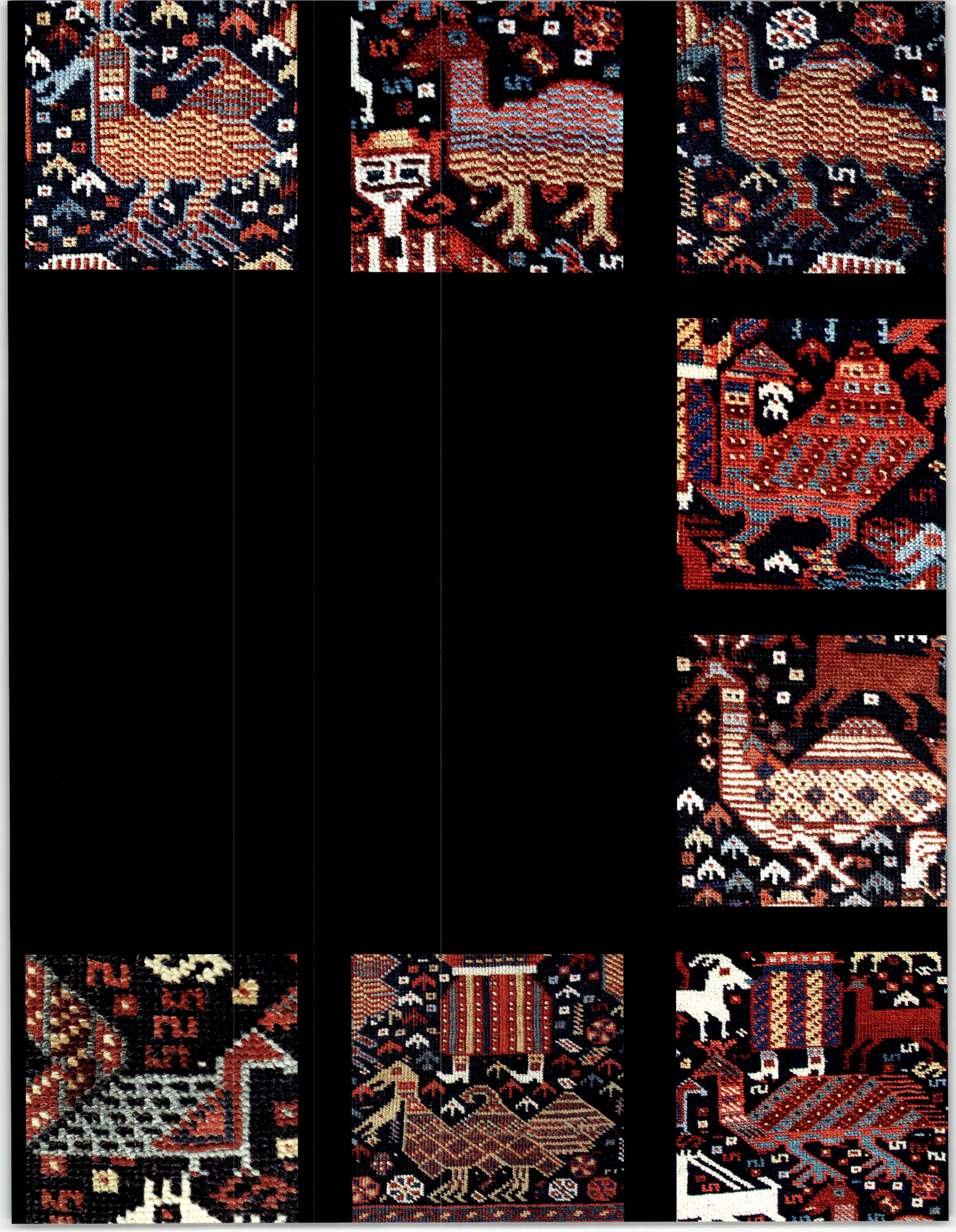

CAUCASIAN RUGS

The fertile valleys of the mountainous region between the Black and Caspian Seas were an ethnic mosaic in which particular characteristics were emphasised as a consequence of relative isolation and a turbulent history. It is one of the rug-weaving areas that up to the early twentieth century produced an enormous variety of very appealing and interesting pieces. Though made by people who were permanently settled in villages, they are considered 'tribal rugs'. In the following pages some of these wonderful creations are shown.

ALFOMBRAS DEL CÁUCASO

La región que se extiende entre el mar Negro y el mar Caspio, montañosa, con fértiles valles, estuvo habitada por un mosaico étnico en el que las particularidades se acentuaron por el relativo aislamiento y su turbulenta historia. Es una de las áreas de producción de alfombras que, hasta inicios del siglo XX, aportó una enorme variedad de piezas muy atractivas. Si bien fueron realizadas por poblaciones asentadas permanentemente en aldeas, se las considera "alfombras tribales". En las siguientes páginas se muestran algunas de estas maravillosas obras.

DIVERSE DESIGNS

The countless rug designs produced in this region are practically impossible to list, given their rich variety. Among them, the pieces shown in the following pages have a special allure for me, on account of their design, their graphics, the sense of mystery that they radiate, their ingenuity, their colour palette, or through an intermingling of these factors. These examples constitute just a small window through which we can obtain a view of the fascinating creations that the peoples of the Caucasus produced towards the end of the nineteenth century.

DISEÑOS DIVERSOS

De entre los innumerables diseños de alfombras que se produjeron en el Cáucaso, realmente casi imposibles de enumerar por su rica variedad, las piezas que aparecen en las siguientes páginas han ejercido una particular atracción en mí, ya sea por su diseño, sus gráficos, el aire de misterio que emanan, su ingenuidad, su colorido, o por la conjunción de varios de estos factores. Estos ejemplos constituyen apenas una pequeña ventana para asomarnos al mundo de estas fascinantes creaciones que alrededor del fin del siglo XIX produjeron los pueblos del Cáucaso.

128. BAKU
2.00 x 1.20 m
Late 19th century | Finales del siglo XIX

Plate 128 shows a rug woven in the balanced palette characteristic of Baku, on the Caspian Sea; it is a piece with a rather rigid layout. The so-called 'kufic' border frames the dark-blue field with a series of motifs laid out in perfect harmony. The brilliant lavender blue of the 'horns' glows beside the central medallion and in the geometrised *boteh*. The Shirvan rug in Plate 129 shows in its field two red polygons with 'flaming' borders, containing the symbol of an ancient cult to the sun and its sacred bird from the Urartu civilisation,[42] predecessors of the Armenian people. The field is filled with birds of outstanding geometric design, amulet-jewels, and even a form resembling a bird seen from the front with its wings spread. The four upper rectangles and the geometric designs within are particularly interesting, as is the beautiful innermost chessboard frame in red and black with white outlines. Where it meets the field it integrates with it and results in a diamonds 'reciprocal design'.

129. SHIRVAN
1.95 x 1.35 m
Dated AH 1347 (1928) | Fechada AH 1347 (1928)

La alfombra 128, tejida con la armoniosa paleta característica de Baku, sobre el mar Caspio, es un ejemplo de cierto rigor en su diseño. La llamada "guarda cúfica" enmarca el campo azul profundo con un conjunto de motivos dispuestos en perfecto equilibrio. El luminoso azul lavanda resplandece en los "cuernos" a los lados del medallón central y en los *boteh* geometrizados. La Shirvan 129 muestra en el campo dos polígonos rojos, con borde "llameante", que contienen el símbolo de un antiguo culto al Sol y a su ave sagrada, de la civilización de Urartu,[42] predecesora del pueblo armenio. El campo se puebla de aves de extraordinario diseño geométrico, amuletos-joyas, y hasta una forma que semeja un ave de frente con las alas extendidas. Son muy interesantes los cuatro rectángulos superiores y los diseños geométricos que contienen, y el hermosamente trabajado marco interior en damero rojo y negro con filetes blancos, que en su encuentro con el campo se integra con éste y resulta en un "diseño recíproco" de rombos.

In Plate 130, a Chila rug from the Baku area, the beautiful medallion stands out, radiant with the lines that emerge from its border and integrate it with the field. The same happens in the corner spandrels. The main *boteh* are formed by a flower-head pattern, lined up without joining, and contain another smaller *boteh*. Some of these float freely in the field, where we find two figures (unfortunately one of them headless), close to two camels with their mouths open. The weaver starts below with one design for the border and then changes in the verticals to a 'carnations' guard. The Shirvan rug shown in Plate 131 possesses the strong character of genuine folk art. In its centre three powerful medallions, filled with lines forming diamonds from where 'animal heads' protrude, combine with the ivory background to produce a solid-and-void 'reciprocal pattern'. At the sides there are two figures with enormous hands and with their belly buttons included; the one on the right has a melancholic look. Close to them we find two elongated atypical *boteh*, decorated with concentric lines. The primary border is a masterpiece of graphic design and colour variety.

En esta alfombra de Chila, en la zona de Baku, se destaca el hermoso medallón, radiante con las líneas que surgen de su borde y lo integran al campo, al igual que sucede en los ángulos. Los *boteh* principales están formados por una trama de flores alineadas sin unir, y contienen otro *boteh* menor. Algunos de estos últimos flotan libres en el campo, en el que encontramos dos personajes, de los cuales uno, lamentablemente, perdió su cabeza; cerca, dos camellos con sus bocas abiertas. La tejedora comienza con un diseño en la guarda de abajo y lo cambia en las verticales por la "guarda de claveles". La Shirvan 131 posee un fuerte carácter de genuina obra folclórica. En su centro, los tres potentes medallones muestran rombos de los que surgen "cabezas de animales", formando con el fondo marfil una "trama recíproca" de vacíos y llenos. A los lados hay dos personajes con grandes manos y con sus ombligos señalados; el de la derecha tiene un aire melancólico en su rostro. Cerca de ellos encontramos dos *boteh* atípicos, muy alargados, decorados con líneas concéntricas. La guarda principal es una obra maestra de diseño y policromía.

130. CHILA
1.80 x 1.18 m
Late 19th century | Finales del siglo XIX

131. SHIRVAN
1.80 x 1.12 m
Dated AH 1330 (1912) | Fechada AH 1330 (1912)

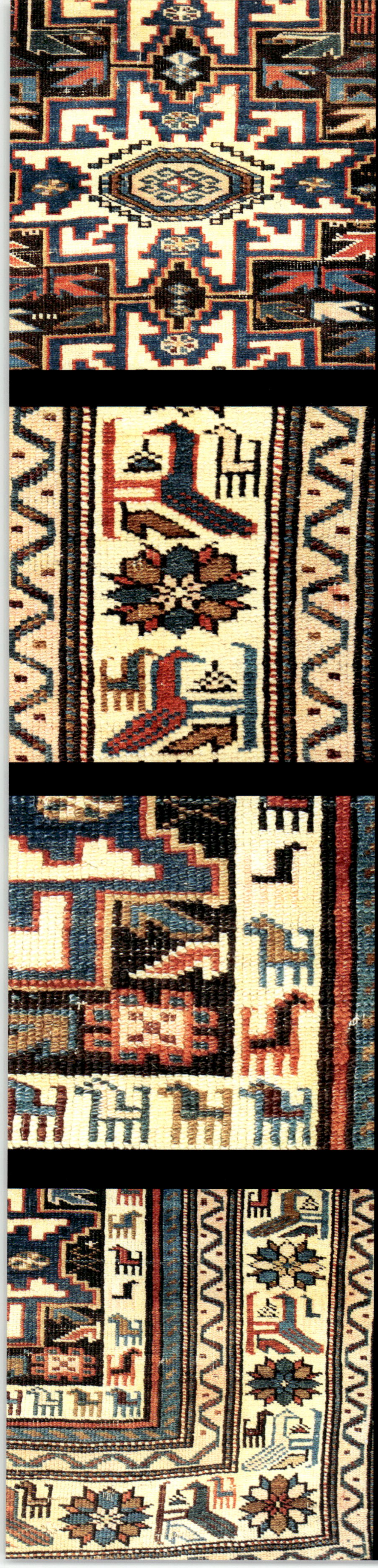

132. LESGHI
1.73 x 1.20 m
Late 19th century | Finales del siglo XIX

This example shows five medallions known as 'Lesghi stars', a reference to the Lesghi people who inhabit parts of Daghestan and Azerbaijan. They also gave their name to the characteristic dance of the Caucasus, the *Lezghinka*, a marvellous demonstration of dexterity. This rug's vigorous graphics and the saturated and intense palette stand out on its exceptional ivory background, particularly the blue-green and the intense ultramarine that outline the stars. The bronze and burgundy colours are atypical. The main border shows a succession of motifs, each composed of a small quadruped alongside a huge bird and, between its beak and feet, a tiny female figure wearing a wide skirt. The innermost border, which repeats the polychrome animal motif, is also noteworthy.

Esta alfombra exhibe cinco de las denominadas "estrellas Lesghi", en alusión al pueblo que habita partes de Daguestán y de Azerbaiyán, que, asimismo, dio su nombre a la danza característica del Cáucaso, la *Lesghinka*, una verdadera exhibición de destreza. Los potentes gráficos y la paleta de esta alfombra, saturada e intensa, se destacan sobre el poco común fondo dominante marfil. Realzan, por su brillo, el verde-azulado y el azul intenso que enmarca las estrellas. Es atípica la inclusión de colores bronce y berenjena. La guarda principal nos muestra una sucesión de motivos que combinan un animal pequeño junto a un ave gigantesca y, entre su pico y patas, una minúscula figura femenina con una amplia falda. Es notable también la guarda interna, que repite el motivo de animales policromos.

This charming rug from Genje, in the Central Caucasus, transmits a festive sensation with its pairs of circus-like human figures of rather childish design. The birds are reduced to little more than multi-coloured triangles, as happens with the stylised animals, particularly the two red bulls in the upper part of the field, and the two beasts that strangely appear in the upper corners of the primary border. Two yellow 'hooked' motifs, analogous to those on the border, appear in the middle of the field. The seven medallions show two concentric diamonds of reciprocal 'animal heads', where the red-coloured 'heads' protrude from the external diamond and insert themselves into the inner one. The inner secondary border is also composed of reciprocal designs in the same green and red colours.

Esta encantadora alfombra de Genje, en el Cáucaso Central, nos trasmite una sensación festiva, con sus pares de personajes de carácter "circense", de diseño casi infantil, sus aves reducidas a poco más que un triángulo policromo y sus animales estilizados, en especial los dos toros rojos en la sección superior del campo y las dos fieras que extrañamente ocupan los ángulos superiores de la guarda principal, mientras que dos motivos amarillos "con ganchos", iguales a los de esta guarda, se introducen en la parte central del campo. Los siete medallones presentan dos rombos concéntricos de "cabezas de animales" recíprocas; éstas, de color rojo, sobresalen del rombo externo y se introducen en el borde del rombo interno. Las dos guardas secundarias también se compone con un diseño recíproco de iguales colores verde y rojo.

133. GENJE
3.19 x 1.14 m
Late 19th century | Finales del siglo XIX

134. SHIRVAN
1.67 x 1.14 m
Late 19th century | Finales del siglo XIX

The main border with its 'hooked' squares is characteristic of Shirvan 'Akstafa' rugs, but here we see it with the unusual addition of animals within the squares. These maintain their vertical direction in all four sides. The field is divided in rectangles by a grid of magnificent 'Harlequin' guards formed by midnight blue diamond shapes and multi-coloured triangles. The resulting rectangles are inhabited by a profusion of supernatural creatures and elements with strong symbolic meaning. Looking at it from the bottom up, the first, fourth and seventh lines show the shapes of totem trees; on the second line there are majestic birds with polychromatic striped necks and tails. On the third line, human figures share the space with an even more stylised bird with a rectangular beak. On the fifth line the trees are lower. On the sixth line, animals with two heads facing each other carry small birds on their backs. On the top line, the hands suggest that this is an atypical prayer rug, which lacks a central *mihrab* (niche), but shows clearly where the hands should be placed when praying. This magnificent piece has a design with strong sense of consistency that looks familiar, as if it belonged to the present day.

La guarda principal es característica de las alfombras Shirvan "Akstafa", con sus cuadrados con "cuernos", aquí con el extraordinario agregado de los animales contenidos dentro de ellos. El campo está dividido por una cuadrícula de magníficas guardas "Arlequín" con rombos azul noche y triángulos multicolores, delimitando rectángulos que están habitados por un conjunto de criaturas sobrenaturales y elementos con fuerte carga simbólica. Iniciando la lectura desde abajo, nos muestran, en la primera, cuarta y séptima líneas, la forma de "árboles totémicos". En la segunda línea, aves monumentales de gran policromía en sus cuellos y colas a franjas. En la tercera, los personajes comparten su espacio con un ave aún más estilizada. En la quinta línea los árboles se achatan y sintetizan. En la sexta línea, animales fantásticos de doble cabeza enfrentada albergan pequeñas aves sobre sus lomos. En la línea superior las dos manos nos sugieren que estamos ante una atípica alfombra de oración, sin *mihrab* (nicho) central, pero en la que está indicada claramente la posición para las manos del orante. Una asombrosa pieza con un diseño muy consistente, que nos acerca una sensación de familiaridad, como si fuese propio de nuestros días.

‘KEYHOLE’ DESIGNS

In various regions of the Caucasus, rugs were woven with this appealing design, characterised by a guard forming a frame that has ins and outs, and encloses a series of octagonal medallions. Some of the examples pictured here maintain this characteristic and others represent related variations. In one example there is no frame, but the typical medallions are present; another shows a succession of more than one ‘keyhole’; in another the frame splits up into a series of independent rectangles; and a very rare example presents a motif with the same characteristics but notably asymmetric, called ‘head and shoulders’, typical of a family of beautiful prayer rugs

DISEÑOS DE “OJO DE CERRADURA”

En varias regiones del Cáucaso se tejieron alfombras con este atractivo diseño, caracterizado por una guarda que, formando un marco con entrantes y salientes, encierra una serie de medallones octogonales. Algunos ejemplos, presentados continuación, mantienen esta característica; otros representan variantes relacionadas, en las que un ejemplar prescinde del marco conservando los medallones típicos; otro muestra una sucesión de más de un “ojo de cerradura”; en otro el marco se fragmenta en una serie de rectángulos independientes, y una muy rara pieza presenta un motivo con iguales características pero notablemente asimétrico, así llamado de “cabeza y hombros”, típico de una familia de hermosas alfombras de oración.

135. SHIRVAN
1.52 x 1.00 m
Dated AH 1298 (1881) | Fechada AH 1298 (1881)

Everything about this Shirvan rug is astonishing: its design, the distinctive character of its subtle tones, the superb quality of the materials and the mastery of its execution. The wool is extraordinary; the hand is very flexible, as if it were an extremely fine fabric. The palette is carefully chosen, the three tones of blue as well as the warm tones. The 'keyhole' design takes up the entire field and seems to be inverted, as generally the narrower and octagonal section is on the upper part of the rug, but here the human figure and the date indicate the contrary. The borders are exquisite, commencing in the four narrower ones, made up by small polychrome diagonals. The two secondary borders show an extremely subtle design, and the primary one is a 'reciprocal' design, in the shape of arrows. Surreal blue animals appear drawn just as lines in the ivory upper medallion, with tails larger than their bodies. The motifs in the frame of the 'keyhole' discontinue to make room for the notable human figure with arms akimbo, which we imagine to be the weaver's signature.

Todo en esta alfombra asombra, su diseño, el carácter notable de sus sutiles colores, la excelente calidad de los materiales y la maestría de su ejecución. La lana es extraordinaria, la mano es tan flexible como la de un género fino; la paleta, cuidada, tanto en sus tres tonos de azul como en los tonos cálidos. El diseño de "ojo de cerradura" ocupa aquí la totalidad del campo y parecería estar invertido, ya que generalmente la sección más angosta y octogonal se encuentra en la parte superior de la alfombra, pero aquí la figura humana y la fecha indican lo contrario. Las guardas son exquisitas, comenzando con las cuatro más angostas, compuestas de pequeñas diagonales policromas; las dos guardas secundarias contienen motivos de gran sutileza, y la principal muestra un diseño "recíproco" fondo-figura con forma de flechas. Fantásticos animales azules con su cola desmesurada pueblan el segundo medallón desde arriba, resueltos con una simple línea. Los motivos del marco del "ojo de cerradura" se interrumpen para dejar lugar al notorio personaje con brazos en jarra, que imaginamos como la firma de la tejedora.

136. KUBA
1.75 x 1.15 m
First quarter 20th century | Primer cuarto del siglo XX

137. SHIRVAN
1.81 x 1.13 m
Early 20th century | Inicios del siglo XX

The Kuba rug illustrated in Plate 136 has an atypical palette, contrasted and powerful. The main guard has the so-called 'cup and leaf' design. In the Shirvan rug in Plate 137 the outer border is particularly attractive. It consists of groups of diagonal lines intersecting in two directions. In the field, two *boteh* are filled with a flower pattern. The triangular bodies of the small birds have a very clear function in the design: they faithfully follow the medallion's diagonal lines, both inside and out. In the reduced palette of Plate 138, a rug from the Kazak region, an attractive blueish green in two tones predominates and varies with pronounced *abrash*. In the field, suspended arrangements of diagonal lines adapt to the forms of the two 'keyhole' designs. Above them an additional octagonal medallion is added. The three borders have reciprocal designs. It is particularly interesting to concentrate on the main one: initially we see a coloured motif on an ivory background. But it is equally valid to focus on the ivory form, seeing it no longer as a background but as a motif. On this border the weaver changes the colours at will, even in the midst of one of the motifs on the right side.

La alfombra 136 muestra una paleta atípica, muy contrastada y potente. La guarda principal tiene el diseño así llamado de "copa y hoja". En la Shirvan 137, es muy atractiva la guarda exterior de grupos de líneas diagonales en dos direcciones que se intersectan. En el campo, dos *boteh* contienen una trama de flores; el cuerpo triangular de las pequeñas aves cumple una función muy clara en el diseño: acompaña fielmente las líneas diagonales de los medallones, dentro y fuera de ellos. En la reducida paleta de la alfombra 138, de la región de Kazak, predomina un atractivo verde azulado en dos tonos, que va variando con el pronunciado *abrash*. En el campo, interesantes conjuntos de líneas diagonales se acomodan a los dos diseños de "ojo de cerradura", a los que se agrega, arriba, un medallón octogonal adicional. Las tres guardas son recíprocas; es particularmente interesante concentrarse en la principal: normalmente vemos un motivo de colores sobre un fondo marfil, pero es igualmente lícito fijar la vista en la forma marfil, viéndola ya no como fondo, sino como motivo. En esta guarda la tejedora va cambiando los colores según su voluntad, aun en el medio de uno de los motivos sobre el lado derecho.

138. KAZAK
2.62 x 1.25 m
Early 20th century | Inicios del siglo XX

139. KUBA
3.75 x 1.35 m
Dated AH 1322 (1904) | Fechada AH 1322 (1904)

Two so-called 'carnation' minor borders, typical of the region, flank the primary ivory-coloured border with 'cup and leaf' ornaments that gives this imposing Kuba rug a contrasting frame. The prominent motif is the sequence of five medallions, alternately coloured in ivory and deep purplish red. The interior is delicately rendered with carefully chosen colours depending on the backgrounds. When examining the connections between the medallions, we see that three of them have a 'tree of life' with its trunk decorated in diagonal coloured segments, from which branches emerge that end in multi-coloured buds. This motif is replaced with a plain line with fine dotted branches in the link between the central medallion and the second medallion up from the bottom. In the upper part, the weaver adds three additional cruciform motifs. Next to the lower medallion, the weaver signs her work with two small female figures.

Dos guardas de "clavel", típicas de la región, enmarcan a la principal de "copa y hoja" color marfil, que da un marco contrastante a esta alfombra imponente. El protagonismo es de la secuencia de cinco medallones alternadamente de color marfil y de profundo rojo-púrpura, cuyo interior está muy finamente dibujado con colores cuidadosamente elegidos según los fondos. Al examinar las conexiones entre los medallones, observamos que tres de ellas lucen un "árbol de la vida" de cuyo tronco, decorado con segmentos diagonales, surgen ramas terminadas en pimpollos multicolores, pero, en la unión del medallón central con el que le sigue hacia abajo, este motivo es sustituido por una línea simple de la que salen finas líneas de puntos. Al llegar a la parte superior, la tejedora agrega tres motivos cruciformes adicionales. A los lados del medallón inferior, firma su obra con dos pequeñas figuras femeninas.

140. KUBA
1.60 x 1.10 m
Late 19th century | Finales del siglo XIX

When we examine this artwork, we know that everything is perfect: the balance of the powerful design, the velvety and shiny wool, and the dazzling palette of confidently balanced saturated colours – the green, the light blue and the shining yellow, the deep madder red, the contrast between the ivory and the midnight blue, all obtained from natural dyes. The ivory frame, with characteristic polychrome designs, marks out three rectangles that contain octagonal medallions in different colours, floating in a mysterious night sky. Four camels of exquisite artistry stand guard around the upper medallion, which is visible only via its outlines, since its surface is the same colour as the background. Only one solitary camel appears on each of the remaining rectangles. The beauty of the primary border invites one to admire the deftly realised colour combinations of each of the eight-pointed stars inside the octagons, which in turn are inscribed in virtual squares, separated by bicoloured ribbons. On the outer secondary border the colours of each of the motifs are noteworthy. The lower part of this border has a different, more formal design, since it repeats the innermost one. The fearless weaver, soon after commencing, successfully changes it, achieving even more originality.

Al examinar esta obra de arte, podríamos afirmar que todo en ella es perfecto: el equilibrio del potente diseño, la lana aterciopelada y brillosa, la deslumbrante paleta de colores saturados, magistralmente balanceada: el verde, el azul claro y el amarillo luminosos, el rojo *madder* profundo, el contraste entre el marfil y el azul noche, todos ellos logrados a partir de tintes naturales. El marco marfil, con los diseños característicos policromos, delimita tres rectángulos que contienen medallones octogonales de diferentes colores, que flotan en un cielo nocturno y misterioso. Cuatro camellos de exquisita síntesis hacen guardia alrededor del medallón superior, éste visible solamente por sus líneas exteriores, ya que su superficie es de igual color que el fondo en que se encuentra. Un camello solitario aparece en cada uno de los restantes rectángulos. La belleza de la guarda principal invita a la contemplación detallada de las sabias combinaciones de la paleta de cada una de sus estrellas de ocho puntas dentro de octógonos, a su vez inscritos dentro de cuadrados virtuales separados por bandas bicolores; y también a observar, en la guarda externa, el tratamiento cromático de cada uno de sus motivos. Esta guarda, abajo, presenta un diseño diferente, más formal, ya que repite la guarda interna. La audaz tejedora, a poco de comenzar, lo cambia apostando por la originalidad, con éxito evidente.

141. KUBA
1.65 x 0.95 m
Late 19th century | Finales del siglo XIX

Both these pieces are from Kuba, in Azerbaijan. In the rug illustrated in Plate 141, which is decorated almost exclusively with geometric designs, only the innermost border is figurative, with an unusual variation of the 'carnation' design: instead of the customary stems that join the flower heads, these are floating over a diagonal-lined pattern. The beautiful outer border is composed of short sections decorated with diagonal polychromatic stripes. For the rug in Plate 142, the two guards composed of 'carnations' are in the traditional slightly figurative rendering, with linear stems and leaves. The palette of this example is exceptionally accomplished, dominated by a deep red-brown on which, in contrast, shines a brilliant blue-lavender. The ivory colour is complemented by dark blue and a rare bronze-olive tone. Tiny stylised birds are found in the medallions and in the field.

142. KUBA
1.77 x 1.19 m
Late 19th century | Finales del siglo XIX

Estas dos alfombras son originarias de la localidad de Kuba, en Azerbaiyán. En la pieza 141, ornamentada exclusivamente sobre la base de diseños geométricos, solo la guarda interna es figurativa, con un motivo "de claveles" atípico, ya que, en lugar de estar acompañadas por sus brotes, las flores flotan en una trama rayada diagonal. La bella guarda externa está compuesta por secciones decoradas con líneas diagonales policromas. En la alfombra 142, las dos guardas "de claveles", en su representación tradicional, se tornan sutilmente más figurativas con sus brotes y hojas lineales. Ésta es una pieza con una paleta restringida y muy lograda, en la que domina un rojo-marrón profundísimo, sobre el que contrasta el azul lavanda de gran luminosidad. Complementan el marfil, el azul oscuro y el raro bronce-oliva. Minúsculas aves estilizadas se encuentran en medallones y campo.

143. KUBA
1.45 x 1.30 m
Second half 19th century | Segunda mitad del siglo XIX

Among the many prayer rugs from the Caucasus there is a design called 'head and shoulders', since the central motif, composed of a guard that encloses octagonal medallions, suggests the torso, neck and head of a human figure. These are generally very beautiful rugs, finely knotted, woven in the villages of the Eastern Caucasus. Many of the extant pieces bearing this design present a single central motif, but the examples of 'double niches', such as this piece, are so rare that in Ralph Kaffel's book *Caucasian Prayer Rugs*[43] he mentions only one that he knew to exist, part of the Straka Collection.[44] After the book was published, two other examples appeared, making a total of three. This is one of them; and undoubtedly it has the clearest layout. The rich main border is known as 'Kufic border', as it is similar to kufic calligraphy, the oldest of the Arab alphabets, considered to be the origin of this design. The secondary borders have the typical 'carnation' design. The characteristics of the border system indicate Kuba as the origin of this piece. The midnight-blue field with small motifs transforms into a starry night sky that continues within the niches and makes them float ethereally in the boundless firmament.

Entre las alfombras de oración del Cáucaso existe un diseño llamado de "cabeza y hombros", ya que el motivo central, formado por una guarda que encierra medallones octogonales, sugiere el torso, cuello y cabeza de una figura humana. Éstas suelen ser alfombras bellísimas, de anudado fino, provenientes de varias localidades del Cáucaso Oriental. Existen numerosas piezas con este diseño que presentan un solo motivo central, pero los ejemplos de "doble nicho", a los que corresponde esta pieza, son tan raros que, en su libro *Caucasian Prayer Rugs*,[43] Ralph Kaffel menciona uno solo conocido en existencia, en la Colección Straka.[44] Luego de editado el libro, aparecieron otros dos ejemplares, lo que hace un total de tres. Éste es uno de ellos y, ciertamente, el de concepción más clara y despejada. El rico borde principal es el así llamado "borde cúfico", por su similitud con la caligrafía cúfica, la más antigua del alfabeto árabe, que se sugiere como origen de este diseño. Los bordes secundarios consisten en guardas "de claveles". Las características del sistema de bordes indican que esta alfombra es originaria de Kuba. El campo azul noche, con sus pequeños motivos, se transforma en un cielo estrellado, que se continúa en el interior de los nichos y los hace flotar, etéreos, en el profundo firmamento...

SHIKLI KAZAK RUGS

The rugs illustrated on the next pages were woven towards the end of the nineteenth century in northwest Azerbaijan in the region of the village of Shikli. Their designs follow the tradition that imposes a determined layout of motifs repeated in all the pieces, allowing us to appreciate the variations in each one of them: in the colours, the chosen filler motifs, the ways of representing them, and the inclusion of the unexpected. These variants result from each weaver's individual creativity while navigating the frame of this idiosyncratic, time-honoured and alluring design.

ALFOMBRAS KAZAK SHIKLI

Las alfombras de las próximas páginas fueron tejidas alrededor del fin del siglo XIX en la zona del pueblo de Shikli, en el noroeste de Azerbaiyán. El diseño de estas alfombras responde a una tradición que impone una distribución determinada de motivos que se repiten en todos los ejemplares, y que al mismo tiempo nos permiten apreciar las variaciones de colorido, motivos menores elegidos, maneras de representación e inclusión de lo inesperado en cada uno de ellos, producto de la creatividad individual de cada tejedora mientras navega en el marco de este diseño idiosincrático, honrado a través de las épocas y sumamente atractivo.

144. SHIKLI
2.14 x 1.32 m
Early 20th century | Inicios del siglo XX

Shikli rugs present the same strict design layout, a wide field framed in narrow borders, the main one decorated with stylised small birds in almost all examples. The most prominent element is the central medallion adorned with 'arrowheads' placed vertically. It is surrounded by a system of six cypress trees and four motifs as corner spandrels. In the extraordinary piece shown in Plate 145 opposite, the deep-red field, with a pronounced abrash, lacks the abundance of ornaments that is usual in this typology; the corners, coloured with marvellous brilliant green shades, are the ones with the most concise design to be found among those included in this book. The rug in Plate 144 above shows a slightly more complex and crowded design. The medallions of both pieces show variations of characteristic abstract linear motifs, of mysterious origin and significance.

145. SHIKLI
2.02 x 1.37 m
Late 19th century | Fiales del siglo XIX

Las alfombras de Shikli presentan siempre un estricto armado de diseño, un campo generoso enmarcado en guardas angostas; en casi todos los ejemplares la guarda principal contiene pequeñas aves estilizadas; un protagónico medallón central se prolonga en dos "puntas de flecha" en las direcciones verticales, rodeado por un sistema de seis cipreses y cuatro motivos en los ángulos. En la extraordinaria alfombra 145, el campo, de profundo rojo, con pronunciado *abrash*, carece de los ornamentos habituales en esta tipología. Los ángulos, de maravillosos tonos verdes, son los de diseño más sintético entre los ejemplos de este libro. El 144 nos ofrece diseños, de alguna manera, más complejos. Ambas piezas exhiben, en los medallones, variaciones de característicos motivos lineales abstractos de misterioso origen y significado.

146. SHIKLI
2.93 x 1.50 m
Late 19th century | Finales del siglo XIX

This Shikli rug shows some distinctive, bizarre and probably unique characteristics. The lower chestnut-coloured central cypress tree has an entirely unfamiliar design. It grows from a 'baroque' trunk; the usual centre, with branches ending in flowers and 'hands', is replaced by a 'tree of life' that finishes in a tiny double-headed creature, and includes pairs of highly stylised birds and semi-human figures. In the centre of the piece, two atypical personages appear: a naked man in the medallion, and a bizarre figure on the right of the field with disproportionately large shoes. Symmetrically placed, a strange 'flaming *boteh*' contains an illegible date. The medallion, the field, and the spandrels are crowded with animals, birds, single and double *boteh*. On the medallion's ivory background, small coloured areas show intricate and asymmetric abstractions.

Estamos ante una pieza con características distintivas, bizarras y probablemente únicas: el extraño diseño del ciprés central inferior, de color castaño, crece desde su tronco "barroco"; su típico centro de ramas terminadas en flores y "manos" es suplantado por un "árbol de la vida", que arriba termina en una diminuta criatura con doble cabeza y llega a incluir un par de aves y un par de figuras humanoides, muy estilizadas. En el centro de la pieza aparecen dos personajes atípicos, un hombre desnudo en el medallón y una figura caricaturesca con zapatos desmesurados en el lado derecho del campo; en ubicación simétrica, un extraño "*boteh* llameante" que contiene una fecha ilegible. Tanto el medallón como el campo y los ángulos se pueblan de animales, aves, *boteh* simples y dobles, mientras que, sobre el marfil del medallón, pequeñas zonas de color arman extrañas e intrincadas abstracciones asimétricas.

147. SHIKLI
2.45 x 1.27 m
Early 20th century | Inicios del siglo XX

148. SHIKLI
2.30 x 1.25 m
Late 19th century | Finales del siglo XIX

The Shikli rug in Plate 147 has an intense palette, with notably wide cypress trees, and an 'infinite tree of life' as the medallion's central motif. Plate 148 illustrates a Shikli rug that presents a distinctive blue medallion with a marked *abrash*, where birds in a group, usually found on the primary border, float like stars. In the field there are seven camels, some with their mouths open! The rug in Plate 149 is proportionally squarer than most Shikli rugs. The result is that the corner pieces in the upper angles are more compressed, and the free space in the field is reduced. Remarkable features include: the elegant floral guard on the ivory background border; the beautiful contrast and chromatic richness of the 'flames' of the cypress trees' borders, alternating greenish yellow, light blues and burgundy; and, most extraordinarily, the profusion of multi-coloured horned animals that have three, four, five, six or seven legs!

El ejemplar 147, con una paleta intensa, presenta cipreses marcadamente más voluminosos y un "árbol de la vida infinito" como motivo central del medallón. La alfombra 148 muestra un distintivo medallón azul con un marcado "*abrash*", en el que flotan como estrellas un conjunto de aves más habituales en las guardas de borde, a las que acompañan, en el campo, seite camellos, algunos ¡con la boca abierta! La pieza 149 es de proporción más cuadrada que la habitual en las alfombras Shikli. Esto resulta en que los motivos de ángulo superiores sean más comprimidos y el espacio libre en el campo se reduzca. Son destacables la elegante guarda floral de fondo marfil, el hermoso contraste y riqueza cromática poco común de las "llamas" del borde de los cipreses, que alternan verdes amarillentos, azules claros y berenjenas; y, lo más extraordinario, la profusión de animales multicolores con cuernos que lucen tres, cuatro, cinco, seis y ¡siete patas!

149. SHIKLI
1.90 x 1.24 m
Late 19th century | Finales del siglo XIX

150. SHIKLI
2.70 x 1.42 m
Dated AH 1317-1323? (1899-1905?) | Fechada AH 1317-1323? (1899-1905?)

This Shikli rug is extraordinary because of its central medallion, totally taken up by a design characteristic of Borjalu Kazak rugs, with 'animal head' designs making up the concentric diagonal guards.[45] Here we find the 'reciprocal' design: we first perceive polychrome guards on an ivory-coloured background; however, this 'background' can also be seen as ivory-coloured guards with 'animal heads'. This design of a central medallion on Shikli rugs has no published analogies to my knowledge. The motifs in the central cypress trees are also unusual, a 'tree of life' or totemic pole flanked by oddly styled plants and animals, is slightly reminiscent of the rug in Plate 146. This is an unconventional piece with an abundance of unpredictable features.

On the following double page spread, the similarity of the general layout of the seven Shikli rugs shown is noticeable in the details shown. At the same time, we can appreciate the variations each one offers in the treatment of the four motifs that form the design: the central medallion, the four lateral cypress trees, the two central ones, and the four corner spandrels. Once again we are in the presence of an established tradition that coexists with the imagination and creativity of the tribal artist-weavers.

Esta alfombra Shikli es realmente extraordinaria, por su medallón central, cubierto íntegramente por un motivo que es característico de las piezas Kazak Borjalou: las guardas diagonales concéntricas de "cabeza de animales".[45] Se da aquí el diseño "recíproco", ya que, si bien lo primero que percibimos son las guardas policromas sobre fondo marfil, este "fondo" también puede ser visto como guardas color marfil. No conozco ejemplos publicados de alfombras Shikli con este diseño del medallón central. Son extraordinarios también los motivos contenidos en los cipreses centrales, especie de "árbol de la vida" o poste totémico flanqueado por plantas y animales de extraña estilización, relacionado con los del ejemplar de la página 259. Ésta es una pieza decididamente no convencional, plena de elementos impredecibles.

En la doble página siguiente se pueden ver la similitud del diseño general de las siete alfombras Shikli presentadas y, al mismo tiempo, las variaciones que cada una ofrece en el tratamiento de los cuatro motivos que forman el diseño: el medallón central, los cuatros cipreses laterales, los dos cipreses centrales y los cuatro ángulos. Una vez más estamos en presencia de una tradición arraigada que convive con la imaginación y creatividad de las tejedoras-artistas tribales.

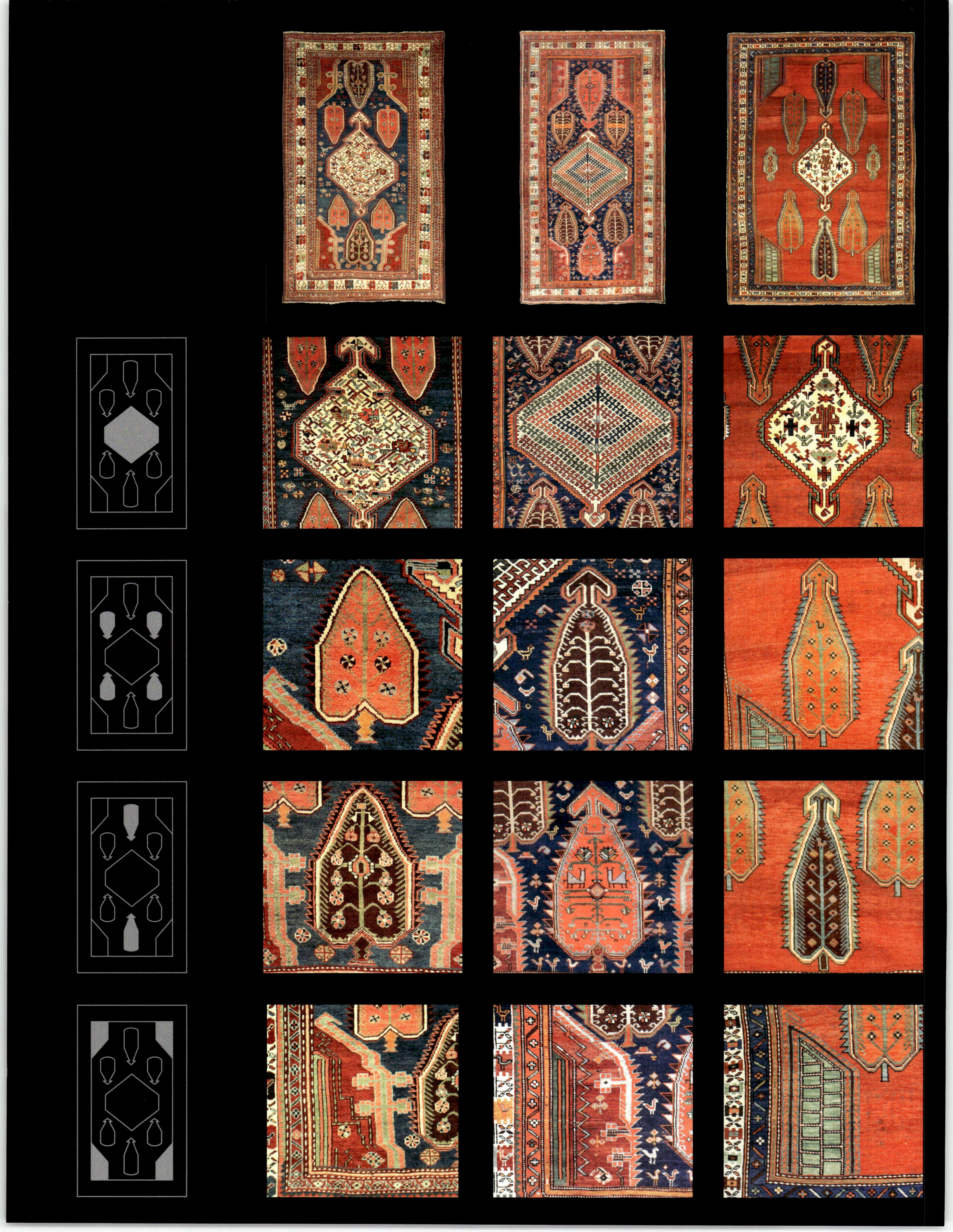

'THE FREUD RUGS'

In the museum in Sigmund Freud's house in London, on his divan, the most famous piece of his collection is still there: it is a tribal rug from southern Persia, closely related to the rugs illustrated on pages 34–37. On the divan his patients focused their thoughts and fantasies and recalled their dreams. They surely must have touched the rug and stroked it while they lay on it and, without a doubt, both they and Freud gazed at its intricate design. We can imagine that contemplating it triggered an association of ideas. Or maybe it served merely as a distraction and provided enjoyment to the senses, which is no small thing. It is considered the most famous Qashqa'i rug in the world.
But it could be a Khamseh rug… And… what do you think?

"LAS ALFOMBRAS DE FREUD"

En el Museo Casa de Sigmund Freud en Londres, sobre su diván, sigue estando la más famosa pieza de su colección: una alfombra tribal del sur de Persia, muy emparentada con las de las páginas 34–37. Sobre ella, los pacientes asociaron sus pensamientos y fantasías y evocaron sus sueños. Seguramente la tocaron, la acariciaron mientras estaban recostados, y tanto ellos como Freud, sin duda, pasearon la mirada por su intrincado diseño. Podemos imaginar que a partir de su contemplación se hayan disparado asociaciones de ideas, o quizás solamente –y no es poco– haya servido de distracción y disfrute de los sentidos. Suele ser considerada como la alfombra Qashqa'i más famosa del mundo.
Pero quizás sea una alfombra Khamseh… ¿Y a usted… qué le parece?

SHIKLI

KAZAK

GENJE

CHILA

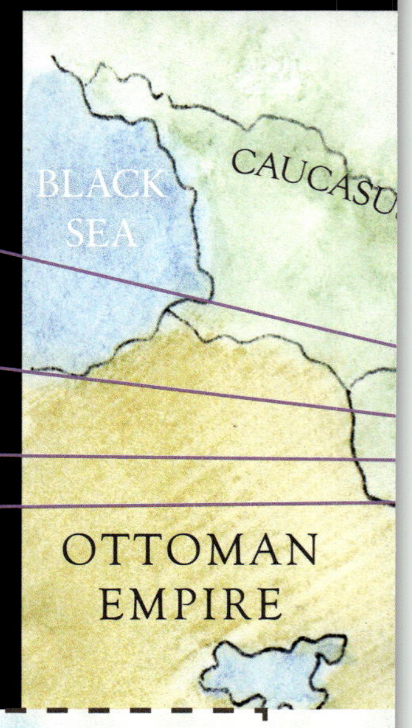

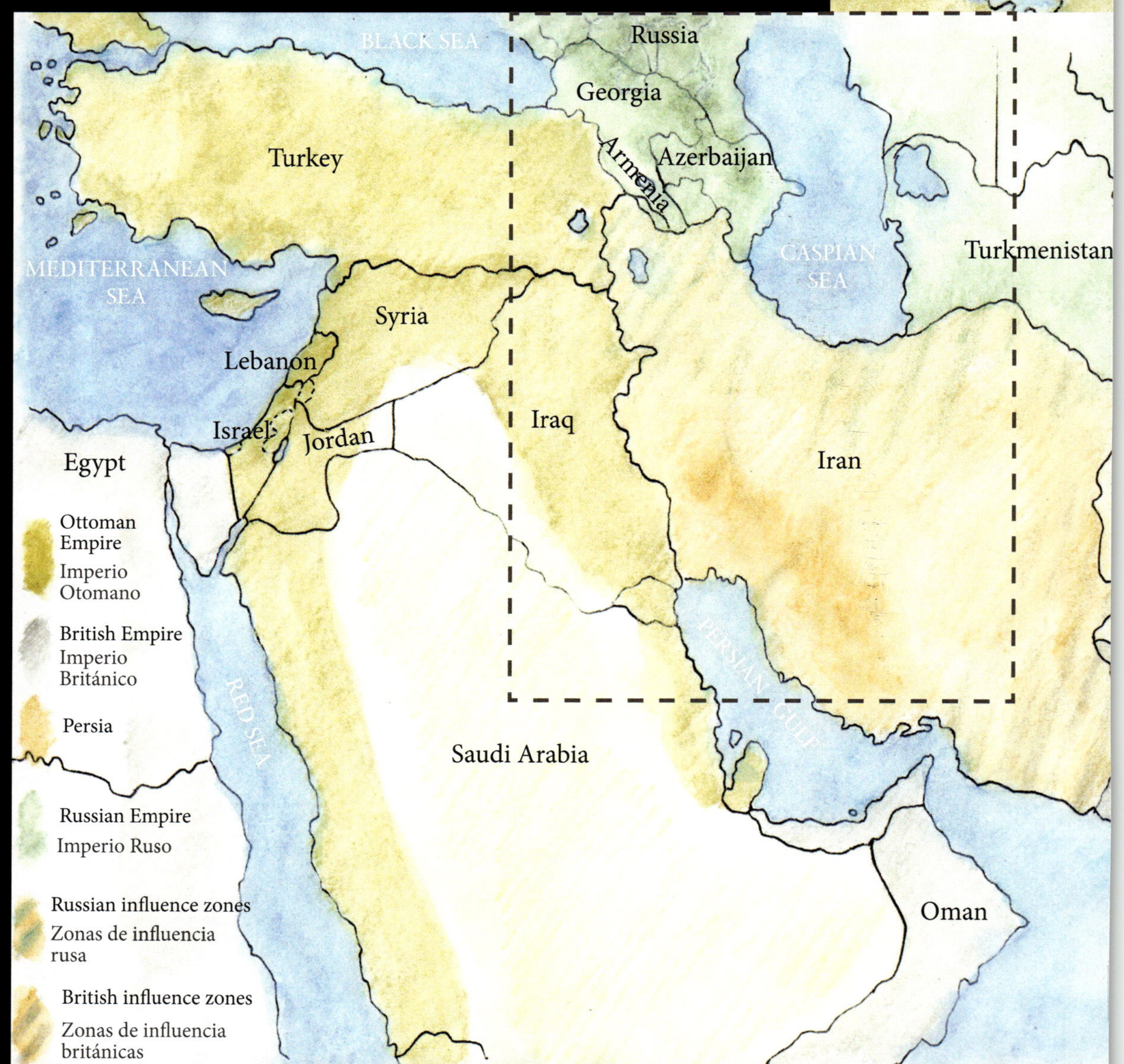

KHAMSEH

The Middle East and the Caucasus in the late 19th - early 20th century, showing approximate rug weaving areas

El Medio Oriente y el Cáucaso a fines del siglo XIX - inicios del siglo XX, las áreas aproximadas de tejido de alfombras

GLOSSARY

GLOSARIO

BORDERS - BORDER SYSTEM

A design around the edges of the rug, defining the field. Usually composed by a main border and narrower guard borders.

BORDES - GUARDAS - SISTEMA DE BORDES

Diseño alrededor del perímetro de la alfombra, que define el campo. Generalmente compuesto por un borde principal y guardas.

FIELD

Central area of the rug within the borders.

CAMPO

La parte central de la alfombra dentro de los bordes.

MEDALLION

A large and central motif, usually on the field as a focus of the rug.

MEDALLÓN

Forma grande ubicada en posición central en el campo, generalmente como foco de atención de la alfombra.

FRAME

Guard design between the border system and the field. Frequently displaying forms protruding into the field.

MARCO

Guarda ubicada entre el sistema de bordes y el campo. Frecuentemente presenta formas proyectadas hacia el campo.

CORNERS - SPANDRELS

Areas in the four corners of the rug, between the borders and the field, usually displaying a different background colour.

ÁNGULOS - ESQUINAS

Áreas ubicadas en los cuatro ángulos de la alfombra, entre los bordes y el campo, usualmente con diferente color de fondo que éste.

ABRASH

A shift in tone of a particular colour due to differences in dye batches, inconsistencies in the dyeing process or types of wool.

ABRASH

Variación del matiz de la lana en un sector del mismo color, debido al uso de diferentes partidas de teñido o tipos de lana.

BOTEH

Form with the shape of a pear or cypress tree, with curved upper end. See different representations on pages 206 and 207.

BOTEH

Motivo con forma de pera o ciprés, con su terminación superior curvada. Ver distintas estilizaciones en páginas 206 y 207.

RAIN TREE - TREE OF LIFE - RAIN POLE - TOTEMIC POLE
Vertical ornament, originating in antique symbolic representations related to the water, decorated with leaves or branches, flanked by pairs of mythical birds and animals.

ÁRBOL DE LA VIDA - ÁRBOL DE LA LLUVIA - POSTE DE LA LLUVIA - POSTE TOTÉMICO
Ornamento vertical derivado de antiguos símbolos relacionados con el agua, decorado con hojas o ramas, flanqueado por parejas de aves y animales míticos.

BIRD (OR ANIMAL) GUARDIAN OF THE RAIN
Ancient mythical being related to the rain, formed by a bird, an animal or a syncretic orm, with a shrub or flower growing from its back.

AVE (O ANIMAL) GUARDIANA DE LA LLUVIA
Antiguo ser mítico relacionado con la lluvia, compuesto por un ave, otro animal o una forma sincrética de ambos, de cuyo lomo crece un arbusto o flor.

PALMETTE
A fan-shaped ornament formed by branches and leaves.

PALMETA
Ornamento con forma de abanico formado por hojas y ramas.

SOLAR CHARIOT SYMBOL
Circular form with curved spokes, derivate from ancient symbols of the moon and the sun, also related with the swastika and its diverse Buddhist representations.

SÍMBOLO DEL CARRUAJE SOLAR
Forma circular con gajos curvos, derivada de antiguos símbolos de la Luna y el Sol, y relacionada, asimismo, con la esvástica y sus diversas representaciones budistas.

BIRD HEAD GUARD - ANIMAL HEAD GUARD
A guard formed by protruding stripes finished with a half diamond, usually in a reciprocal design, found frequently as medallions border.

GUARDA DE CABEZA DE AVES (O DE ANIMALES)
Guarda formada por una sucesión de líneas terminadas en medio rombo, en general con diseño recíproco, frecuentemente como borde de medallones.

WATER MOUNTAIN RESERVOIR SYMBOL
A guard, placed as a frame between the borders and the field, formed by a sequence of half diamonds decorated with minute multicoloured squares.

SÍMBOLO DEL RESERVORIO DE AGUA EN LA MONTAÑA
Sucesión de triángulos, decorados con pequeños cuadrados multicolores, a manera de marco ubicado entre los bordes y el campo.

MADDER RED
Brownish red, a traditional pigment extracted from the roots of the common madder plant (Rubia tinctorum).

ROJO *MADDER*
Rojo amarronado proveniente de la tintura obtenida de la raíz de la planta *Rubia tinctorum*, llamada *"madder"* en inglés.

NOTES

1 James Opie, *Tribal Rugs*, Tolstoy Press, 1992; Bulfinch Press, 1998, pp. 168–192.

2 *Ibid.*, pp. 190–196.

3 Cyrus Parham, *Masterpieces of Fars Rugs*, Tehran, Soroush Press, 1996, p. 26.

4 Ralph Kaffel, *Caucasian Prayer Rugs*, London, Laurence King in association with Hali Publications, 1998.

5 Opie 1992, *op. cit.*, p. 56.

6 Parham 1996, *op. cit.*, pp. 13–15.

7 *Ibid.*; André Parrot, *El universo de las formas. Sumer,* Madrid, Aguilar, 1960, p. 62. Susa I pottery, IV millennium, Louvre.

8 Heinrich Jacoby, *Meisterstücke orientalischer Knüpfkunst. Sammlung Anton Danker Wiesbaden*, Nassauischer Kunstverein E.V. Wiesbaden Im Städt. Museum, Wiesbaden, 1996, pl. 101.

9 James Opie, *Tribal Rugs of Southern Persia*, Portland, James Opie Oriental Rugs, 1981, p. 75; Detlef Maltzahn, Wiesbaden, *Rippon Boswell Catalogue 67*, 2006, lot 95.

10 Opie 1992, *op. cit.*, p. 48; Parham 1996, *op. cit.*, pl. 38, p. 119.

11 *Ibid.*, p. 16.

12 *Ibid.*, p. 133.

13 Cyrus Parham & Siavosh Azadi, *Tribal and Village Rugs from Fars*, vol. 2, Tehran, Amir Kabir Publications, 1992, p. 141; Parham 1996, *op. cit.*, pl. 37, p. 117.

14 A closely related rug was published as 'Khamseh-Qashqai' in Murray L. Eiland, Jr., *A World of Oriental Carpets and Textiles*, Washington, D.C., The 10th ICOC, 2003, p. 118.

15 James Opie, HALI magazine, No. 53, 1990, pp. 129–35; 1992, *op. cit.*, pp. 62–90.

16 Parham 1996, Cyrus, *op. cit.*, p. 14.

17 *Ibid.*, p. 73.

18 *Ibid.*, p. 133.

19 Opie 1992, *op. cit.*, pp. 35 and 49.

20 Parham 1996, *op. cit.*, p. 111.

21 David Black & Clive Loveless, *Woven Gardens: Nomad and Village Rugs of the Fars Province of Southern Persia,* London, David Black Oriental Carpets, 1979, pl. 15. Cf. Opie 1981, *op. cit.*, p. 93, and Opie 1992, *op. cit.*, p. 210.

22 Parham 1996, *op. cit.*, p. 143.

23 *Ibid.*, p. 127.

24 Black & Loveless 1979, *op. cit.*, pl. 14; Parham 1996, *op. cit.*, p. 133.

25 Opie 1992, *op. cit.*, cover and p. 201.

26 *Ibid.*, p. 261.

27 Detlef Maltzahn, *Kossow Collection Catalogue*, Wiesbaden, Rippon Boswell & Co., March 2011, p. 94. Some rug dealers attribute pieces with this design to Kurdish tribes.

28 Opie 1992, *op. cit.*, p. 204.

29 Parham 1996, *op. cit.*, p. 109.

30 Jenny Housego, *Tribal Rugs*, Essex, Scorpion Publishing Limited, 1978, pl. 75; Romuald Stettler, *Nomadenteppiche aus Südpersien*, Bern, R. Stettler, 1984, p. 35; Parviz Tanavoli, *Lion Rugs*, Basel, 1985, p. 106.

31 Opie 1992, *op. cit.*, p. 207.

32 *Ibid.*, p. 219.

33 *Skinner Catalogue*, Boston, April 2008, Lot 122.

34 The 'Honey Bee Motif' has a precedent in the very antique and rare Khamseh rug published in Opie 1981, *op. cit.*, p.101.

35 Lefevre & Partners, London. *February 1982 Catalogue*, Lot 43.

36 Parham & Azadi 1992, vol. 2, *op. cit.*, pp. 236–362.

37 *Oriental Rug Review*, vol. XIII, no. 4, Meredith N.H., 1993, pp. 18–23.

38 Parham 1996, *op. cit.*, p. 10.

39 Eiland 2003, *op. cit.*, p. 114.

40 *Oriental Rug Review* 1993, *op. cit.*

41 André Parrot, *El Universo de las Formas*, *Asur*, Madrid, Aguilar, 1961: p. 14, Kalaj (Nimrud), The Sacred Tree (ninth century BC), British Museum; p. 32, Jorsabad, Man-headed Genius (eighth century BC) in situ; p. 70, Dur Sharrukin (Jorsabad), Genius (eighth century BC), Louvre; p. 258, Kalaj (Nimrud), Lilith (early first millennium BC); p. 266, Dur Sharrukin (Jorsabad), ornamentation with geniuses (eighth century BC); p. 358, Winged and Nude Goddess (early second millennium BC).

42 Maria Cohen, *Shirwan*, Turin, Umberto Allemandi, 1995, pp. 104-5.

43 Kaffel 1998, op cit., p. 123.

44 Jerome Straka & Louise W. Mackie, *The Oriental Rug Collection of Jerome and Mary Jane Straka*, Washington D.C., The Textile Museum, 1978, No. 112, pp. 118–19.

45 Opie 1992, *op. cit.*, p. 77.

NOTAS

1 James Opie, *Tribal Rugs*, Tolstoy Press, 1992; Bulfinch Press, 1998, pp. 168–192.

2 *Ibid.*, pp. 190–196.

3 Cyrus Parham, *Masterpieces of Fars Rugs*, Tehran, Soroush Press, 1996, p. 26.

4 Ralph Kaffel, *Caucasian Prayer Rugs*, London, Laurence King en asociación con Hali Publications, 1998.

5 Opie 1992, *op. cit.*, p. 56.

6 Parham 1996, *op. cit.*, pp. 13–15.

7 *Ibid.*; André Parrot , *El universo de las formas. Sumer,* Madrid, Aguilar, 1960, p. 62. Vasos de Susa I, IV milenio, Louvre.

8 Heinrich Jacoby, *Meisterstücke orientalischer Knüpfkunst. Sammlung Anton Danker Wiesbaden*, Nassauischer Kunstverein E.V. Wiesbaden Im Städt. Museum, Wiesbaden, 1996, il. 101.

9 James Opie, *Tribal Rugs of Southern Persia*, Portland, James Opie Oriental Rugs, 1981, p. 75; Detlef Maltzahn, Wiesbaden, *Rippon Boswell Catalogue 67*, 2006, lote 95.

10 Opie 1992, *op. cit.*, p. 48; Parham, Cyrus, *op. cit.*, il. 38, p. 119.

11 *Ibid.*, p. 16.

12 *Ibid.*, p. 133.

13 Cyrus Parham y Siavosh Azadi, *Tribal and Village Rugs from Fars*, vol. 2, Tehran, Amir Kabir Publications, 1992, p. 141; Parham 1996, *op. cit.*, il. 37, p. 117.

14 Una alfombra estrechamente relacionada fue publicada como "Khamseh – Qashqai" en Murray L. Eiland, Jr., *A World of Oriental Carpets*, Washington, D.C., The 10th ICOC, 2003, p. 118.

15 Opie, James, HALI, No. 53, 1990, pp. 129–35; Opie, 1992, *op. cit.*, pp. 62–90.

16 Parham 1996, *op. cit.*, p. 14.

17 *Ibid.*, p. 73.

18 *Ibid.*, p. 133.

19 Opie 1992, *op. cit.*, pp. 35 y 49.

20 Parham 1996, *op. cit.*, p. 111.

21 David Black y Clive Loveless, *Woven Gardens: Nomad and Village Rugs of the Fars Province of Southern Persia,* London, David Black Oriental Carpets, 1979, il. 15. Cf. Opie 1981, *op. cit.*, p. 93, y Opie 1992, *op. cit.*, p. 210.

22 Parham 1996, *op. cit.*, p. 143.

23 *Ibid.*, p. 127.

24 Black y Loveless 1979, *op. cit.*, il. 14; Parham 1996, *op. cit.*, p. 133.

25 Opie 1992, *op. cit.*, tapa y p. 201.

26 *Ibid.*, p. 261.

27 Detlef Maltzahn, *Kossow Collection Catalogue*, Wiesbaden, Rippon Boswell & Co., marzo de 2011, p. 94. Algunos comerciantes de alfombras atribuyen este diseño a tribus kurdas.

28 Opie 1992, *op. cit.*, p. 204.

29 Parham 1996, *op. cit.*, p. 109.

30 Jenny Housego, *Tribal Rugs*, Essex, Scorpion Publishing Limited, 1978, il. 75; Romuald Stettler, *Nomadenteppiche aus Südpersien*, Bern, R. Stettler, 1984, p. 35; Parviz Tanavoli, *Lion Rugs*, Basel, 1985, p. 106

31 Opie 1992, *op. cit.*, p. 207.

32 *Ibid.*, p. 219.

33 *Skinner Catalogue,* Boston, abril de 2008, lote 122.

34 El "motivo de abeja" registra un antecedente en la muy antigua y rara alfombra Khamseh publicada en Opie 1981, op.cit., p.101.

35 Parham y Azadi, 1992, vol. 2, *op. cit.*, pp. 236–362.

36 *Oriental Rug Review*, vol. XIII, no. 4, Meredith N.H., 1993, pp.18–23.

37 Lefevre & Partners, London. *February 1982 Catalogue*, lote 43.

38 Parham 1996, *op. cit.*, p. 10.

39 Eiland 2003, *op. cit.*, p. 114.

40 *Oriental Rug Review*, 1993, *op. cit.*

41 André Parrot, *El Universo de las Formas, Asur,* Madrid, Aguilar, 1961, p. 14, Kalaj (Nimrud), El Árbol Sagrado (siglo IX a. C.), British Museum; p. 32, Jorsabad, Genio Androcéfalo (siglo VIII a. C.) in situ; p. 70, Dur Sharrukin (Jorsabad), Genio (siglo VIII a. C.), Louvre; p. 258, Kalaj (Nimrud), Lilith (principios del I milenio a. C.); p. 266, Dur Sharrukin (Jorsabad), ornamentación con genios (siglo VIII a. C.); p. 358, Diosa alada y desnuda (principios del II milenio a. C.).

42 Maria Cohen, *Shirwan*, Turin, Umberto Allemandi, 1995, pp. 104-5.

43 Kaffel 1998, op cit., p. 123.

44 Jerome Straka y Louise W. Mackie, *The Oriental Rug Collection of Jerome and Mary Jane Straka*, Washington D.C., The Textile Museum, 1978, No. 112, pp. 118–19.

45 Opie 1992, *op. cit.*, p. 77.

BIBLIOGRAPHY / BIBLIOGRAFÍA

Benjamin, Paul R., *South Persian Rugs, Bags & Saddle Covers From the Collection of Paul R. Benjamin*, Sussex, Paul R. Benjamin, 2014.

Black, David & Loveless, Clive, *Woven Gardens: Nomad and Village Rugs of the Fars Province of Southern Persia*, London, David Black Oriental Carpets, 1979.

Cohen, Maria, *Shirwan*, Torino, Umberto Allemandi, 1995.

Collins Jr., John J., *Flowers of the Desert*, Newburyport, The Walrus Press, 1987.

Eiland, Murray L., Jr., *A World of Oriental Carpets and Textiles*, Washington D.C., The 10th ICOC, 2003.

Felton, Anton, *Jewish Carpets*, Antique Collectors Club, Suffolk, 1997.

Housego, Jenny, *Tribal Rugs*, Essex, Scorpion Publishing Limited, 1978.

Jacoby, Heinrich, *Meisterstücke orientalischer Knüpfkunst. Sammlung Anton Danker Wiesbaden*, Nassauischer Kunstverein E.V. Wiesbaden Im Städt. Museum, Wiesbaden, 1996.

Kaffel, Ralph, *Caucasian Prayer Rugs*, London, Laurence King with Hali Publications, 1998.

Kerimov, Lyatif; Stepanian, Nonna; Grigolya, Tatyana, and Tsitsishvili, David, *Rugs and Carpets from the Caucasus, The Russian Collections*, Leningrad, Aurora Art / Middlessex, Penguin, 1984.

Keshishian, Harold, *The Treasure of the Caucasus, Rugs from American Collections*, Washington D.C., The Near Eastern Art Research Center, 1992.

Keshishian, James Mark, *Inscribed Armenian Rugs of Yesteryear*, Virginia, The Near Eastern Art Research Center and James Mark Keshishian, 1994.

Opie, James, *Tribal Rugs of Southern Persia*, Portland, James Opie Oriental Rugs, 1981.
—, *Tribal Rugs*, Portland, Tolstoy Press, 1992 / Bulfinch Press, 1998.

Parham, Cyrus, *Masterpieces of Fars Rugs*, Tehran, Soroush Press, 1996.

Parham, Cyrus & Azadi, Siavosh, *Tribal and Village Rugs from Fars*, vol. 1, Tehran, Amir Kabir Publications, 1986.
—, *Tribal and Village Rugs from Fars*, vol. 2, Tehran, Amir Kabir Publications, 1992.

Parrot, André, *El universo de las formas, Sumer*, Madrid, Aguilar, 1960.
—, *El universo de las formas, Asur*, Madrid, Aguilar, 1961.

Sabahi, Taher, *Qashqai, Tappeti Tribali Persiani*, Novara, Istituto Geografico de Agostini, 1989.

Stettler, Romuald, *Nomadenteppiche aus Südpersien*, Bern, R. Stettler, 1984.

Straka, Jerome & Mackie, Louise W., *The Oriental Rug Collection of Jerome and Mary Jane Straka*, Washington D.C., The Textile Museum, 1978.

Tanavoli, Parviz, *Lion Rugs*, Basel, 1985.

Picture Credits / Créditos Fotográficos

All images by Gustavo Ressio and Roberto Ressio except:

Rippon Boswell & Co.: p. 199